U0102102

饶晓 ……著

国学与闻

广西师范大学出版社
GUANGXI NORMAL UNIVERSITY PRESS
·桂林·

图书在版编目（CIP）数据

国学与闻 / 饶晓著. —桂林：广西师范大学出版社，2019.8
ISBN 978-7-5598-2142-3

Ⅰ．①国… Ⅱ．①饶… Ⅲ．①中华文化－中学－课外读物
Ⅳ．①G634.303

中国版本图书馆 CIP 数据核字（2019）第 178847 号

广西师范大学出版社出版发行

（广西桂林市五里店路 9 号　邮政编码：541004）

　网址：http://www.bbtpress.com

出版人：张艺兵

全国新华书店经销

广西广大印务有限责任公司印刷

（桂林市临桂区秧塘工业园西城大道北侧广西师范大学出版社
集团有限公司创意产业园内　邮政编码：541199）

开本：720 mm × 1 000 mm　1/16

印张：12.5　　　字数：130 千字

2019 年 8 月第 1 版　　2019 年 8 月第 1 次印刷

印数：00 001~12 000 册　定价：40.00 元

如发现印装质量问题，影响阅读，请与出版社发行部门联系调换。

序

张葆全

饶晓老师多年从事国学教育，非常喜爱并大力弘扬中华优秀传统文化，成绩卓著。为在中学开展校园文化建设，饶晓老师曾创设"竹溪讲堂"，十余年来，亲自在创新实验班和国际班讲授国学课，深受师生欢迎。最近他将凝聚着自己多年研究心得的讲稿，编辑成册，取名《国学与闻》，以校本教材形式交由出版社刊行，并嘱我作序。我欣然承诺，同时也想借此机会谈谈我对国学教育的一些看法。

什么是国学？我认为国学就是中国固有的学术，以及研究中国固有学术与文化的学问。

我国有丰富的举世无双的值得自傲的国学典籍。传世之国学典籍，通常是按经、史、子、集四部分类的。

经部之书，指"六经"，后因"《乐经》亡于秦"，故称"五经"，即《诗》《书》《易》《礼》《春秋》。后来增至七经、九经、十一经，至宋代增至十三经。今天称经书多以"十三经"为准。这是在"五经"的基础上，将礼细分为三礼（《周礼》《仪礼》《礼记》），而《春秋》有三传（《左传》《公羊传》《穀梁传》），又增《论语》《孝经》《孟子》《尔雅》。经部之书是中华民族思想文化最早的源头，经学则是国学的灵魂。

史部之书，主要指《史记》《汉书》《后汉书》《三国志》等"二十四史"。除正史外还有古史、杂史、霸史、起居注、旧事、职官、仪注、刑法、杂传、地理记、谱系、簿录等。梁启超说："中国于各种学问中，惟史学最为发达；史学在世界各国中，惟中国为最发达。"史部之书所记载的历史经验，蕴藏着无比丰富的智慧，可以帮助我们更好地走向未来。

子部之书，主要收先秦诸子之学，多为战国时代"百家争鸣"的产物，也收后代子书。《汉书·艺文志》载诸子十家：儒、道、阴阳、法、名、墨、纵横、杂、农、小说。此外还有兵家。子部之书还收有天文、历法、医家、农家（耕作）、算法、术数、艺术、工艺、动植物、宗教等著作。春秋末年至战国时代，是我国古代思想文化的黄金时代。诸子百家争辩的内容包括宇宙观、认识论、人性论、逻辑学、伦理学、教育学，以及他们提出的各种社会理想、治国蓝图、政治主张、思想方法，等等。百家争鸣极大地推动了古代文化学术的发展，并奠定了中国古代社会思想文化的基础。

集部之书，大体相当于我们今天所说的文学作品、文学理论著作和文学批评著作。古代文学作品有的是通代或断代的总集，有的是个别人的别集，所以称集部。从文体上说，集部之书包含了诗、词、曲、赋、骈文、散文、小说、戏剧等作品。历代的文学作品，构成了我们民族的心灵史和审美发展史。

饶晓老师有深厚的国学底蕴，又有丰富的国学教育实践经验。他编著的《国学与闻》，我认为内容丰富，特色鲜明。

一、涵盖全面而又重点突出

全书虽然仅十三讲，但经、史、子、集四部均涵盖其中。

经部之书，尤重《周易》，这是因为《周易》乃"群经之首""大道之源"，后代儒、道两家思想，都源于《周易》。史部之书，着重阐释二十四史之首——《史记》。子部之书，重点介绍了儒家之孔孟和道家之老庄。集部之书，重点介绍了《诗经》、唐诗和宋词。这些都是国学最基本的内容，是初涉国学者首先应当了解的。

二、阐释精准并能深入浅出

对于上述重要的国学典籍，以及相关的人物、史实、思想、价值等，饶晓老师都能做出精准的阐释。鉴于读者多为青少年学生以及一般社会大众，饶晓老师的阐释总是力求深入浅出。虽然国学元典大多文辞艰深，但本书语言却平实如话，生动流畅，读来并无晦涩拗口之感。

三、原始察终力求古今连通

更为难能可贵的是，本书的阐释多能探本溯源，原始察终，尽可能地让读者了解所探讨对象的来龙去脉，从而获得比较系统的认识。全书知识点多，信息量大。饶晓老师还十分重视连通古今，既讲清所探讨对象原有的内涵，也说明它后来的演变，以及当下的价值和意义，使古老的国学，穿越时空，在今天变得鲜活起来。

今天，在社会上，在青少年中，推广国学教育，大力弘扬中华民族优秀传统文化，具有十分重要的意义。我认为，学习国学有助于我们了解传统文化，增强文化自信；有助于我们继承优秀文化传统，培育当代的民族精神；有助于我们吸取古人的无穷智慧，继续推进社会主义现代化建设；有助于我们陶冶性情，美化心灵，提高我们民族的文化素质。

习近平同志说："中华优秀传统文化是中华民族的精神命脉，是涵养社会主义核心价值观的重要源泉，也是我们在世界文化激荡中站稳脚跟的坚实根基。"（2014年10月15日在文艺工作座谈会上的讲话）

学习国学，开展国学教育，应把继承和弘扬中华优秀传统文化作为最重要的历史使命。

（张葆全，广西师范大学文学院教授，广西师范大学前校长。现受聘为广西师范大学国学堂专家委员会主任，广西师范大学漓江学院终身教授，广西儒学学会名誉会长，桂林国学研究会名誉会长。长期从事中国古代文学和国学的教学与研究工作，著有《先秦诸子菁华》《论语通译》《老子道德经译解》《大学中庸译解》《周易选译》等著作多部。）

目　录

第一讲

数仞宫墙君知否

——国学撷谈

从今天开始，我们在部颁课程之外，增设一门校本课程：国学。都说现在是"国学热"，其实恰恰说明国学与我们疏离了很久，被我们冷落了很久。现在大家都想再了解它，学习它，这当然很好。孔子曾对有心向学的人说过"与其进也"的话，取赞赏鼓励的态度，所以这门课程就叫"国学与闻"。同学们需要学，我也需要学，大家一起来学！在学习具体内容之前，我们先聊聊几个关键问题。

一、何谓国学

在古籍中"国学"一词，是指与"乡学"相对应的国家教育。近代"国学"的内涵则发生了变化，成为一个与"西学"相对应的概念。这得回溯到十九世纪中叶，东方老大帝国——清王朝的国运遭遇了空前的危机，这个封闭的"中央之国"真的被一群虎狼列强围在了中央，面临着被蚕食和瓜分的危险。

鸦片战争一败涂地之后，举国震撼，如梦方醒，一批先知先觉者便发出了向西方学习的倡议。1842年，魏源编纂的《海国图志》最早反映了这种要求。他在《序》中说："是书何以作？曰：为以夷攻夷而作，为以夷款夷而作，为师夷长技以制夷而作。"这股学习西方的热潮自此一时更比一时高涨。拿洋务运动的代表人物曾国藩做个例子：他从1865年创办近代中国第一个军工企业"江南机器制造总局"开始，造出了中国第一部蒸汽轮机、中国第一艘轮船，建立了中国第一个近代化学校，培养了中国第一批科技人才，购回了第一批外国机器，聘请了第一批外国专家和技工，办起了中国第一个翻译馆，派出了中国第一批公费留学生……从"学做炮弹，学造轮舟"入手，发展到从国外购买工作母机，再发展为翻译介绍外国科技知识，再发展到派生员直接到国外学习，一步步走上了引进"西学"的道路。

从这个缩影，我们可以看到当时的一种大势，那就是"西学东渐"。其实，中国人向西方学习既有被动的、不得不学的一面，也有主动的、不断深入乃至急于求成的一面。从这个角度说，中国的一部近代史，也算得上是一部渐次向西方学习的历史。这部历史分三段：洋务运动是第一段，学习西方的科技；戊戌维新是第二段，学习西方的政体；"五四"新文化运动是第三段，学习西方的文化。看得出，这是一步步由表及里、由浅入深的。故而当时确有一种主张，叫作"全盘西化"。

也许是中国这个学生"偷师"时的思想包袱太重，心太急，加上西方这个"老师"并不待见中国，时时只在算计这个学生，所以，中国人在向西方学习的过程中，一直就有不同的态度。等到进入第三阶段——学习西方的文化时，这种不同态度终于引起了比较大的争执，那就是"五四"新文化运动中的新文化与"国故"之争。

"国学"的概念就是这个时候引起热议的，成仿吾先生写过一篇《国学运动之我见》，对倡言国学者提出批评。"国学"而成"运动"，可见当时确有一部分人是"群起而为"顾恋国学的。显然，"国学"概念是相对于"西学"而言的。中国向西方的学习，从实业、科技，到政体，到思想文化，这个"西学"的概念是宽泛的，故而相对应的"国学"概念也是宽泛的。当时国学又被名之为"旧学"，而一切向西方学来的东西则被称之为"新学"。所谓"新"与"旧"，其实反映的是一种价值判断。由此看来，"国学"这个概念并不是一个知识分类的学科概念，也不单是一个学术概念，甚至也不是一个纯粹的文化概念。中国的洋务运动不能说没有成绩，如北洋水师当时是亚洲最强大的一支水师。然而甲午一战却全军覆没。"师夷长技"还是没能"制夷"，失败了。中国的变法，也不能说没有成绩，戊戌变法虽然夭折了，但后来的辛亥革命到底推翻了清朝，政体还是改变了。但朝代改了，"骨子里却还是旧的"（鲁迅语），中国的半殖民地化还在加速。辛亥革命也失败了。怎么办？革命派有些急了，追究下去，认为中国的传统文化和意识形态是罪魁祸首，是抗拒"德先生"（民主）、"赛先生"（科学）的冤家对头。于是锋芒所向，直指旧文化。

"孔家店"被砸了，科举废了，学堂办了，白话文有了，注音方案也颁行了。但这场新文化运动跟前两波"西学"浪潮有点不一样，文化是一个民族的根，中华民族文化的根太深了，刨起来不容易，西方文化的根要在东方扎下来，也有个水土不服的问题。于是，反对的声音起来了，有主张"整理国故"的，有主张"中学为体，西学为用"的，围绕"国学"的争论热闹了好一阵子。革命时期，破字当头。争论的结果，似乎是激进的新文化占了点上风。但传统文化究竟是不是革命革而不成的罪魁祸首，最终还是没有彻底搞明白。因为就在这个时候，旧民主主义革命被新民主主义革命取代，革命的领导者变换了，继而革命的方式也变了。不过，这么一个背景，让我们对"国学"的概念看得比较清楚了，它确实不是学科概念，不是简单的学术概念，甚至也不等同于文化和意识形态，而是从社会进步与否的角度来看民族文化和意识形态，是一种包含着价值评判的文化符号。今天，我们正是要从这样一个角度出发来学习国学。

二、今日为何重提国学

这得从今天的大势说起。我们至今仍处在与西方相互学习交流的过程中，但历史没有重复过去的失败：新民主主义革命取得了重大的学习成果，它推翻了专制统治，将一个半殖民地半封建的旧中国变成了新中国，"德先生"（民主）留住了；社会主义革命和建设，不断加速的四个现代化建设，更是取得了更为巨大的学习成果，用几十年的时间走完其他国家几百年的发展历程，将一个一穷二白的旧中国变成了一个各方面都举足轻重的世界大国，"赛先生"（科学）也留下来了。为什么百年前老请不来的这两位先生，今天都请来了呢？这中间有一个大变化。什么变化？学习的态度、方法不一样了。新民主主义革命在学习西方的时候，是把马克思主义与中国革命的实际相结合才取得了胜利的；而社会主义革命和建设呢，也是在"独立自主，自力更生"的根本方针指引下不断取得成功的。两者都贯彻了一个原则：从中国的实际出发，与中国的实际相结合，具有中国特色。今天，在全球化的大背景下，我们向西方的学习并未结束，我们要在民主建设和科技发展上不断提升，同样也需要在思想文化层面上吸取西方先进的东西，让我们的文化具有新的活力，建立起代表时代前进方向的先进文化。而要做到这一点，与中国实际相结合这一原则仍然是必须遵守的。

鲁迅先生有一篇著名的《拿来主义》，讲的是对西方文化和传统文化应取"拿来"的态度。我们今天，一方面是"送来主义"势头强盛，这和西方国家的全球战略已经逐渐从军事、经济转向文化层面有关。这种状况非常明显，从大片到芯片，西方文化产品充斥我国市场，而我们出口到西方的文化产品却微乎其微，弄得不少人成了"哈"一族。而另一方面，我们还非常主动地去"拿"，最典型的莫如英语教育，我们是从幼儿园就抓起，全民普及，其在生活中的重要性似乎要超过了母语。这些年有一句很时髦的口号，叫"与国际接轨"，在一些地方我们几乎是全方位地以西方为"范式"，有点唯西方的马首是瞻的味道。很清楚，我们今天已经很深并将继续深入地处于西方文化的浸润之中。不过，与百余年前伴随着殖民者侵略的"西学东渐"不同，这一轮的"西学东渐"多少也是"拿来主义"的结果。

能"拿来"确是一种进步，但拿来之前和拿来之后，都存在一个问题，那就是依据什么去拿，拿来又如何用？不搞清楚这个问题，进步终究有限。举个例子，新文化运动时期，相当多的人把中国落后的原因归于汉字，以为必须走世界各国通行的拼音化道路，于是制定出了拼音化方案，大力推行。但是，拼音真能取代汉字吗？汉字真该被取代吗？费心尽力地搞了那么久，益处究竟有多少呢？所以，文化学习这个东西，不像政治体制或科学技术，不是来个废弃、置换、移植、引进就能办妥的。怎么解决？当然更得倚重前面获得的经验——与中国的实际相结合。换言之，向西方文化学习之道，就是从中国文化的实际出发，舍此无它。这就是今天我们重提"国学"的缘由。

重提国学的原因尚不止此。西学风行于世已经二三百年，其给世界带来的变化可谓翻天覆地，这就是我们常说的现代化。然而就在这个现代化的过程中，危机也在日益显现。这种危机是多方面的，表现于自然方面，是生态危机、资源危机；表现于社会方面，是道德危机、精神危机；表现于国际关系方面，是霸权主义、恐怖主义；表现于经济方面，是贫富悬殊、金融危机。这些当今人类社会面临的危机，是西学固有的发展逻辑所带来的。西方现代文明建立在个人主义、主权国家、民主政治、资本主义经济、工业生产和科学发展这几个支柱上，而今天这些支柱已经倾斜或锈蚀：个人主义让多数人的权力和自由失去保障，国家主权被解读成追逐霸权，资本主义经济蜕变为弱肉强食，工业生产与科学发展助长了对自然和生命的漠视。尽管西方现代文明并非不做匡正和补救，但成也萧何败也萧何，仅凭西学恐怕是难以破解的。我们中国现代化进程落后了一步，让我们看见了"现代病"在西方国家的发生，我们不仅感染了现代病，而且还承受了西方为转嫁这些恶果而造成的更深的伤害。这就让我们不得不思考，西学并非就是万应灵药，未必就是普世价值，我们需要从考量人类未来、站在人类文明命运的高度来审视今天，需要集中全人类的智慧来思考将来。为此，我们再次想起了国学。

由此可见，今天提国学与百年前提国学有根本不同，那时是为固守和抵拒，今天是为进步和创新。不过，有一点还是比较一致的，那就是关注点都在于弄清民族文化的价值所在，激发民族文化的生命活力。

三、国学的范畴

那么，我们今天需要了解研究的，主要涉及传统文化的哪些方面呢？中华文化长达五千多年的丰厚积淀，任何一个人穷其一生也只能知晓其万一，何况对于我们中学生呢！我们唯一的办法是笼而统之，将其延绵发展的主干清理出来，把各个繁盛阶段和生发阶段突出出来，从中来窥探它的奥妙，寻找它的玄机。

有道是"一方水土养一方人"，一个民族的地理环境和历史变迁，影响了这个民族的生存习惯，形成了他们对世界的认识态度，从而养成了这个民族的个性和特质。由此可知，哲学和民俗文化应该是我们最应予以关注的。依据这样一个认识，我们划定了一个大致可以勾勒国学轮廓，粗略揭示国学精髓的最低知晓范围：

1. 汉字；2. 礼乐制度；3.《周易》；4. 孔孟与儒学； 5. 老庄与道家；6.《四书》与理学；7. 二十五史精华；8. 诗词文章；9. 中华医学；10. 相关历史人物。

这个有些混杂的区划，对于一般国人，包括高中生来说，已经是最简略的范围了，增加固然多多益善，减少就或恐不得要领了。因此，这将是我们国学探究的一个路线图。

长城

四、东西文化的基本特质

有比较才能有鉴别，实际上，这是一个东西方文化差别的问题。我们先从最表象的习俗上略作比较吧：见面行礼，西方人多拥抱亲吻，中国古人多拱手鞠躬；吃饭，西方人用刀叉，中国人用筷子，西方人分餐，中国人同桌进食；称谓，西方人叔伯姑姨不分，中国人区分细致；交际，西方人直白，中国人委婉；拳击，西方人凶狠以力取胜，中国人太极拳以柔克刚；绘画，西方油画色彩浓烈，中国画清雅疏淡；类似的还有许多。这些不同，透露出东西方人秉性确实存在差异，这是不同文化形成的基础，也是不同文化熏染的结果。

人类文明的发生大体是同步的，约在公元前三四千年，世界四大古文明（古巴比伦文明、古埃及文明、古印度文明、古代中国文明）先后产生。其中，古巴比伦与古埃及两大文明均靠近地中海和沙漠，它们明显带有海洋文明和游牧文明的特征，随后这一区域辗转发展出的希腊文明、希伯来文明，以及再晚些时候的古罗马文明就是西方文化的源头。而黄河（包括长江）流域面积广大，虽东及于海，但古人活动范围基本在内陆，是典型的农耕文明。这就带来了东西方文明最初同时也是最根本的一个区别。

大约在公元前五世纪前后，东西方文明都发展到了一个更成熟理性的阶段，都迎来了一个思想大师蜂起、智慧巨星争辉的时期。中国的老子、孔子、墨子、孙子、孟子、庄子、荀子等相继创宗立派，一时百家争鸣。而古希腊的哲人泰勒斯、阿那克西曼德、毕达哥拉斯、赫拉克利特、德谟克利特、苏格拉底、柏拉图、亚里士多德等承前启后，完成了西方哲学的宏大构建。

这些伟大的思想家几乎思考了有关世界与人类的一切重大命题，并且给出了精深的答案，以至于两千多年后的人只不过是在理解、丰富和完善他们的答案而已。这些东西方的思想同样深邃，但其思维坐标的方向却似乎有所不同。西方的哲人更多在思考人与自然（人与物）的关系，而东方的哲人则更多地思考人与社会（人与人）的关系。比如西方的大师们很多就是自然科学家、医生，而东方的圣人多半都是政治家、士人和教师。其实，只要考察一下那个时代东西方社会发展的背景，就可以明白他们为什么会有不同的思维坐标。那时的中国处在奴隶制即将崩溃的前夜，整个社会动荡失范，战争频仍，所谓礼崩乐坏。因此，家国天下的社会命题自然成了思想家们首先关注的对象。而希腊那时赢得了希波战争，随即而来的是奴隶制民主政治的伯里克利黄金时期，思想家们也当然对征服统治外在世界更有兴趣。

这样，我们就清楚地看到，东西方文化从源头上就有两个不同的发展向度：一个外向，一个内敛；外向的重物，尚力，积个别为全体，优于分析，偏于理性；内敛的重人，崇德，于全体中见个别，长于统观，偏于感性。这种区别，反映的是东西文化的不同性质，也即各自不同的价值取向。

接下来的问题是：当今这个时代，哪一种价值取向的文化更适合人类未来的发展呢？

五、国学的活力

我们知道，中华文化是世界古老文化中唯一没有中断的文化，这说明了中华文化具有强大的生命力。那么，其中的道理何在呢？我看主要是基于两点，即中华文化的人本主义和聚合特质。下面试作解析：

1. 道法自然。中国人也思考人与自然的关系，他们与希腊人的认识相当一致，认为世界万物是由某些基本元素构成的，中国人称之为"五行"。希腊人以为是"水"或"火"。但再研究下去，就分道扬镳了，希腊人顺着"原子论"搞下去，发展了自然科学；中国人顺着"天人合一"的思路搞下去，悟出了"道法自然"的宇宙法则。《老子》说："人法地，地法天，天法道，道法自然。"中国人的宇宙观是与人联系的宇宙观，所谓"天地人"三才，人为天地所育，亦当守天地之道。人道与天地之道是统一的，天无私覆，地无私载，所以"大道之行，天下为公"。在这个最高准则指导之下，中国人是敬畏自然的，行事讲天地良心，主张"民胞物与"。

2. 求仁守义。在中华文化不断演进的历史长河中，儒家学说是主流文化。有人说，因为儒家文化是维护统治阶级利益的，所以才成为主流。这话固然不错，然而原因并非如此简单。儒家文化成为主流，关键还在于它是一种内圣外王积极用世的文化，是一种对社会起建设作用的文化。这种积极性和建设性从何而来？来自儒家学说的崇高价值取向。《周易》说："立天之道曰阴与阳，立地之道曰刚与柔，立人之道曰仁与义。"儒家学说的核心理念是一个字——"仁"。"仁者爱人"，这是最通常的解释。中国人讲仁爱，怎么讲？三个方面：一是"己所不欲，勿施于人"；二是"己欲立而立人，己欲达而达人"；三是"博施于民而能济众"。你想，还有比这更完整透彻的人道主义吗？这是主观追求。那么客观行事呢？那就得守"义"。"义者宜也"，做任何事情，必须符合道理，处置相宜，各得其所。处事讲正义，待人讲情义，何愁世界不太平呢？

3. 和合共生。世界是多元的，是充满矛盾的，要想求仁守义，如何才能行得通呢？我们中国人的理念是主合不主分的，所以治国讲"天下归心"，治家是"家和万事兴"。这是不是回避矛盾呢？不是的，我们只是更多地借重一种处理矛盾的方法，叫作"和"。我们认为，生生不息的大千世界，是"五行""和实生物"而来，单调、同一都不符合事物的本来面目。所以，当矛盾出现的时候，我们的主张是"和而不同"。所谓"礼之用，和为贵"，在一切行为规范中，和是最高的境界，它包含着尊重、理解、坚持、融合、共赢。所以个人要和善，家庭要和睦，社会要和谐，世界要和平。

4. 中庸之道。中国儒家文化有一个行事准则，也可以说是一种信念，就是奉行中庸之道。传说孔子的孙子子思写了一部书，叫作《中庸》，阐述的就是这个道理。不偏谓之中，不易谓之庸，意思是凡事必取中道而行，才有恒常久远之功。中国人深知事物是对立统一的，都具有两面性，只有充分了解矛盾的两个方面，才能把握事物的发展变化，从而应对无误。《中庸》里说："喜怒哀乐之未发，谓之中；发而皆中节，谓之和。"人都是有情绪的，遇事有时不能做到实事求是，产生偏激。奉行中庸之道，就能让你不走极端，就能防止片面性。所以孔子感叹说："中庸之为德也，其至矣乎！"

5. 君子之德。如果说，中华文化是一种以人为本的文化，那么最具代表性的，就是中华文化所倡导的君子之德了。文化最终是要体现于人格的。儒家的思想体系最后形成的是一套纲领：格物、致知、诚意、正心、修身、齐家、治国、平天下。这套纲领出自《大学》，《大学》相传是孔子的学生曾参编定的。后来，这套纲领成为历代儒生毕生奋斗的行动指南。在《论语》中，孔子有大量关于君子的描述。比如"君子怀德，小人怀土"，"君子喻于义，小人喻于利"，"君子之德风，小人之德草"，"君子坦荡荡，小人长戚戚"，"君子和而不同，小人同而不和"，"君子忧道不忧贫"，"君子欲讷于言而敏于行"，"君子成人之美"，"君子矜而不争"，"君子泰而不骄"，等等，多达百余处。

君子不是概念化的，而是具体可感的。与君子相对应的是小人，二者人格的高尚与卑劣形成强烈对比，指引人们趋善避恶。圣人不容易做，但君子是人人可以学习、可以争取做到的，所以儒家号召大家都做谦谦君子。做君子的途径只有一条，就是修身。从学习开始，格物致知，弄清楚世间万物的规律，获得真知灼见，然后诚意正心，端正心志，让自己胸怀磊落，让自己的一言一行都符合正道。然后可以把家庭和家族管理得井井有条，锻炼好本领，一有机会就能效力国家，帮助有德之君赢得天下，实现天下太平。这就是儒家的人才培养计划，治国兴邦的根本大计。清华大学开办之初，请梁启超到校演讲，梁演讲的题目就是《君子》。一个国家、一个民族的君子多了，就有挺直的脊梁，就充满希望。

六、国学对当下的意义

国学相当古老，但古老并不意味着失去活力，并不能因此嗤之为"旧学"。它曾经辉煌，也曾经式微，那是时代更换了不同的主题。当时代主题再次转换的时候，经历新的融合洗礼的国学，焕发出了新的青春活力。上述粗略的五条，是中华文化即国学所具有的优势。放在当今之世，这些优势和所长就更显得可贵。

这二三百年，是西方文化掌握了世界话语权，在西方文化的主导下，世界一方面空前发达繁荣，一方面也空前畸形困厄。绝对的科学至上和过度扩张的社会达尔文主义、霸权主义，导致了资源枯竭，生态恶化，社会动荡，道德滑坡，冲突不断。西方文化中一些本来积极的元素，在外向尚力的文化基调的主导下，只能退化为双重标准的虚伪行为。这一严重趋势，西方的有识之士也看到了。世界要想摆脱目前的困境，一味按西方的套路走下去是不行的。

二十世纪末，一批世界最有智慧的人（诺奖获得者）曾经聚会巴黎，提出了"向东方古老的文明学习，到孔子那里去寻找智慧"的呼唤。英国历史学家阿诺德·约瑟夫·汤因比更是专门撰文，坦言中华文明将照亮世界。"照亮世界"未必是东方人的思维，但为破解当今人类的困局贡献"中华智慧"，我们也是当仁不让的。

是的，我们中华文化有这样的自信，试看前述的五条，哪一条不是救世纠偏的良策呢！此外还有许多，诸如老子的无为而治，"治大国如烹小鲜"；墨子的兼爱与非攻；禅宗的道由心悟，世法即佛法；孙子的"上兵非兵"；孟子的"舍生取义"；荀子的"学而不已"；等等，举不胜举。

世界终于觉悟了，东方文明的光芒终于重新受到了瞩目，经过新时代滋养的东方文明必定能引导世界走出迷途！这就是我们今天重提国学、了解国学、宏扬国学的意义。

《礼记》中说："子孙之守宗庙社稷者，其先祖无美而称之，是诬也；有善而弗知，不明也；知而弗传，不仁也。此三者，君子之所耻也。"我们的祖先留下了那么宝贵的文化遗产，我们却搞不清楚状况，或者搞清楚却不去传播它、继承它，那是很糊涂、很不明智，而且很令人羞愧的。让我们认真地、努力地学习好国学吧！

┌─────────────┐
      思 考 与 探 讨
└─────────────┘

1.中国向西方学习的过程是怎样的？有什么宝贵的经验？

2.为什么说当今之世中华文化仍旧充满活力？

中华文化之根

——话说汉字

　　如果要问，中华民族对人类最大的贡献是什么？回答会是多种多样的，而我的回答是——汉字。因为有了汉字，中华民族的才能和智慧才得以传承，中华文化才得以持续发展，也才能够为人类做出那么多的贡献。汉字，是中华文化之根！

一、一个不老的神话

　　《孙子兵法》是世界上最早的一部军事宝典，至今仍是军事学家们的必读之书。但作者是谁？是孙武，还是孙膑？或者两者实为一人？过去一直弄不大清楚。1972 年，在山东临沂银雀山出土了一批汉简，同时出土了两部兵书，其中一部是《孙膑兵法》，这就让一个历史悬案有了明确的答案。《老子》是一部流传了两千多年的经典，1973 年，长沙马王堆汉墓出土了一批帛书和简牍，其中有《老子》甲、乙本，和我们今天所见的不同，《德经》在前，《道经》在后。此外，还发现了《苏子》31 篇，这是失传了的战国纵横家的著作。几千年前的文字记载，至今仍可以为我们厘清史实，校正典籍，这样的事只能发生在中国，因为当今世界，只有中国人还能读懂数千年前的本民族文字。回顾人类历史，谁能说这不是一个神话呢？

据说全世界有 5000 多种语言，百分之七十以上的语言没有文字，这些语言文字在历史的长河中不断地产生和消失。这之中，汉字是出现很早而且至今仍在广泛使用的唯一古老文字。

文字	地域	产生年代	消失年代
楔形文字	两河流域	前 3500 年	前 1500 年
圣书字	埃及	前 3000 年	1 世纪左右
线形文字 A、B	希腊	前 750 年左右	前 2 世纪左右
梵文	印度	前 500 年	10 世纪前后

人类语言的出现几乎跟人类自身的历史一样长，而文字的出现则不过是最近 6000 年左右的事。

大约在公元前 3500 年前后，在两河流域（幼发拉底河和底格里斯河的中下游地区）的苏美尔人发明了"楔形文"，是一种用"刀笔"在泥板上压刻出来的楔状文字。后来，苏美尔人被闪米特人打败，闪米特人在两河流域建立了古巴比伦王国，巴比伦人继承发展了这种文字，并用它创造了当时很发达的文明。波斯人随后占有了这里。公元前 1500 年左右，亚历山大征服了波斯，楔形文字逐渐被废弃，终致湮灭。今天，当年的泥板还有大量留存，主要供专家研究。

大约在公元 3000 年前，古代埃及人发明了"圣书字"，伴随而来的是埃及古代文明的辉煌时期。但古埃及帝国灭亡后，圣书字也随之消亡了。从 16 世纪至 18 世纪，人们一直无法破解古埃及文物上的文字，直到 1799 年，一块并列刻着古埃及文和古希腊文的石碑被发现后，这才辗转找到了识认古埃及文字的门径。虽然能释读，但只有考古意义。

这两种文字出现比汉字早，但它们都消亡了。

古希腊也是较早的发达的古文明，古希腊的文字体系较为复杂。其中较早的是线形文字 A，后又发展出线形文字 B。古希腊字母体系内还有几种古文字。这些古文字，在罗马人征服希腊后，或消亡，或被完全改造，同古希腊文已无多大关系。

古印度很早就出现有文字，这种文字被刻在形如印章的石头或陶土上，习惯上叫印章文字，至今未被成功解读。

公元前 5 世纪前后，印度通行使用的文字是"梵文"，延至 10 世纪左右，"梵文"经过分化、变体也衰落了。这种语法极其繁复的文字，只在极狭小的学者研究领域里还有人能识读。我国著名学者季羡林，1936 年在德国哥廷根大学师从瓦尔德施米特学习梵文，全班只有他一个学生。这些文字，产生年代晚于我国的汉字，但它们也都先后结束了自己的使命，进了历史的博物馆。

我国文字的萌芽，可以追溯到距今大约 6000 年的仰韶文化时期，在一些陶器上面发现有简单文字的刻纹。确证已是比较成熟的文字体系的，是公元前 1500 年左右的商代甲骨文。1899 年，北京金石学家王懿荣从药铺出售的"龙骨"上发现了古文字，由此揭开了甲骨文的神秘面纱。经过百余年搜集和研究，我国文字发展的脉络被清晰地梳理出来了：甲骨文——金文——篆书——隶书——草书——楷书——行书。从甲骨文算起，汉字至少历经 3500 年，一直在发展着，完善着，进步着，始终充满着生命的活力！

甲骨文

二、民族智慧的结晶

汉字与世界上绝大多数文字单纯表音不同，是一种音意文字，非常独特。世界上许多种文字之间是相互关联的，分化借鉴的情况不少，比如现在的拉丁文、英文等就是从腓尼基字母变化而来的。如图所示：

腓尼基字母 ⎰ 希腊字母 ⎰ 埃脱鲁斯坎字母 —— 拉丁字母
　　　　　　　　　　　　　斯拉夫字母
　　　　　　　阿拉米字母 —— 阿拉伯字母

而汉字却是独立发展起来的，是中国人的"原创"。汉字成为神话不在于它古老，而在于它古老却充满活力。汉字之所以能"老而弥坚"，与它的独特发展历史和发展环境是分不开的，它的发生、发展、成熟，都是中国人智慧的结晶。

文字是文明的真正标志，人类掌握语言使自己区别于猿，这一历史有百万年之久，而人类创造文字的历史却不过6000年左右。正是文字的产生，才揭开了人类文明发展的序幕。这说明什么问题？说明文字不仅仅是语言的记录，它是一种跨越时空障碍的、语言有所不及的交流手

仓颉（相传为黄帝时期的造字史官）

段。中国人正是明白了这一点，才没有让文字成为语言的附庸，成为单纯的语音记录，而是走上了音义文字的独特发展道路。这是汉字的特点，也是汉字的优点，是中国人造字时表现出的高度智慧。

中国人造字的智慧，用现代科学手段也可以得到证明。有人发现，一个脑部颞叶受伤的中国人，仍然可以写字；而一个同样是脑部颞叶受伤的西方人，则完全丧失书写能力。原因是西方拼音文字只刺激大脑司听力的部分，这部分一旦受损，人的书写能力就会丧失；而汉字不仅有声音刺激，还有象形意义刺激，所以一部分受损，另一部分功能还在，人的书写能力仍然具备。大家知道，中国人是聪明的，这和中国人使用汉字有利于对大脑的开发，不能说没有关系。

这种智慧的文字，赐予我们后人莫大的恩惠。

首先，汉字承载了大量的民族历史和文化信息，它使中国人

成为最了解自己过去的民族。仅从汉字本身，我们就能知道我们民族曾经是怎样走过来的，甚至能想见当初的生活场景。

比如文字产生之前，先人们是怎样记事的呢？《周易·系辞下》说"上古结绳而治，后世圣人易之以书契"，果然如此吗？是的，有字为证。"纪"（紀）的本字"己"，从结绳记事的象形而来。"契"字是个会意字，左边是刻划的几道划痕，右边是一把刀，这就是刻木记事的证明。这就是汉字传达出的数千年前先民的记事手段。

在早期的汉字里，有一大批区分不同毛色牛马个体的字，后来这些字大都不用了，如"骊、骍、骝、牻、犡、犉……"区分得这样细微，说明我国古代曾有过相当发达的畜牧业。我国的丝织业在世界上享有盛誉，这一点可以从汉字中得到证明。汉字中很早就有一大批丝字旁的字，说明我国丝织业的悠久和发达。还有许多表示色彩的字都带丝旁，这说明随着丝织业的发达，我国的印染业也跟着发展起来。"纸"为什么是丝字旁？说明造纸术最早是以丝絮为原料的。这些民族文明进步的信息就是这样蕴藏在我们的汉字里，为我们保留下了远逝的历史。试问，世上还有哪一种文字能做到这一点呢？

其次，汉字反映了中华民族独有的精神特质和思维习惯，体现了中国人对世界、对人生的睿智思考。我们看下面几个字：

"德"这个字的古字形（徝）是道路上一只直视的眼睛。它的意思是，看得直，行得正。眼睛是人观察世界的第一门户，代表了主观世界对客观世界的认识，这种认识中最接近本质最没有矫饰的部分，即是"直"，只有这样的心得，才称之为"德"，才可以引导正确的行为。后来字形又加入了"心"的构件而成为

"德"，就更突出了"目正心正行正"了。所以，中国人的传统是重德育的，并且主张"以德治国"。

"灋"（法），这个字由三部分构成："廌"是传说中的独角兽，据说能辨人忠奸，有行为不端者即触之，代表刑；"氵"，寓意执法公平如水；"去"字，则表示达到去除邪恶的目的。一个字，相当完整地表达了中国人"依法治国"的信念。

再看"和"字，这是中国人处世的一个基本准则、基本态度，它从何而来？来源于我们这个农耕民族对"禾"的认识。《说文解字》说："禾，嘉谷也，二月始生，八月而熟，得时之中，故谓之禾。"禾苗生长得益于风调雨顺，天地协调，自然和谐。取其意造字，"盉"是五味调和，"龢"是五音和谐，"和"则是众口同声。这个意思引伸开来，就是"和为贵"的生活态度和人生主张。

汉字在造字时，融入了古人非常朴素但非常深刻的思想。我们再看下面的字：

"聰"（聪）。什么是中国人所认为的聪明呢？看这一组同源字："囱、窗、蔥"。它们分别是烟道、房屋通气口、叶管中通的一种植物。"聪"与它们有共同的构件，含义是通。可见，中国人认为，最聪明的人，是内心与外界通达、没有阻隔的人。"聖"（圣）字也是一样，耳与口都是交流的重要器官，最善于沟通的人，才是圣明的人。我们今天学文化，明道理，长知识，为什么呢？不就是为了消除自己与周围世界的隔阂，更好地适应生存环境吗？这种认识是不是很深刻呢？

再举个例子。古代中国的医术是相当高明的，而中医对病理的认识也是很独特的。古人用汉字"疾""病"概括所有身体的不健康情况，也概括了一切病因。"疒"即"病"的初文，是人倚床之状，表明身体发生了病变。病是什么原因导致的呢？甲骨文"疾"（𤕫）字，是矢中人腋下之形，人中矢之后，必有病痛，原来的人形构件也换成了"疒"。另一构件是"矢"，则表示致病之因是外物（包括邪寒之气）侵入引起。"病"字是后造的，其另一构件是"丙"，丙在五行中是火，表示心火内热引发病患。这两个字基本把病因概括了，无非是内外因素破坏了平衡，寒热失调就出现了问题。这种健康观是不是很辩证呀？

一些抽象的意思，古人又是如何造字的呢？下面是同学们不大搞得清楚的两个字："即"和"既"。两个字共有的构件是"豆"（古代食具），另一构件都是人，人面朝豆的，是"即"（𣌾），将取食也；另一个扭头的人，是"既"（𣪘），食完后将要离开了。所以，表示将要发生用"即"，表示已经发生用"既"。这意思多么分明、多好理解呀，我们再要用错，真对不起老祖宗啊！还有一个相关的字，中间一个"豆"，两边各有一人来就食，这个字是"卿"（乡），多人共食，"在一个锅里抡匙子"，"在一块地里刨食"，这样的人，就叫"老乡"。这样一个概念，多么富有情谊啊！

汉字，因为音形意一体，每个字都仿佛有鲜活的灵魂，这绝不是字母文字所能做到的。

三、汉字的美学境界

以文字的书写而形成一门艺术，也许除了汉字之外，再没有其他文字达到这种境界。拼音文字的书写，也可以写得流畅华丽，但它的线形结构和单纯表音，使它不可能成为一门艺术。而汉字从象形到线条化，再到笔画化，使它产生了多种书体；汉字的音形意一体的特点，让书写者拥有非常广阔的联想空间；而汉字的方块字形，又使它可以灵活地布局。这一切使汉字不仅能表情达意，而且能够展现图画般的视觉效果，给人带来艺术的享受。中国有一句老话叫"书画同源"，因为中国的书法与绘画一样，都是点、线、面结合的艺术。

汉字的美学应用最早应该是在青铜器上。青铜器早在夏代就产生了，但以商周为盛。商周青铜器多是作为礼器使用，所以比较注重纹饰，古代工匠在铸造青铜器的时候，往往将所有者的姓名、身份、重大事件等铸刻到上面，这些文字与器形设计、花纹图饰一起，构成整个器皿庄重古朴的外观。青铜器上的文字我们称之为金文，这是一种由图形逐步线条化的文字，笔画由直折变为圆曲，显得朴拙厚重，并出现了"玉筋体"等书写艺术风格。著名的"散氏盘""大盂鼎""毛公鼎"等，都是金文的艺术典范。

随后出现的书体是篆书，篆书分大篆、小篆，秦以小篆统一天下文字。篆书字形方正，线条圆转，有十分突出的图案装饰效果。秦代开始出现了隶书，这是汉字发展史上的一次重大变革，称为"隶变"，原来的线条变为了笔画，由此奠定了今天汉字的基础。此前的文字，属于古文字，此后的文字属于今文字。汉字由横、竖、撇、捺、点、折、勾这些笔画构成后，相继出现了草书、楷书、行书等书体，书法艺术真正出现了形式多样、流派纷呈的局面，历史上也出现了无数的书法名家。秦代李斯的小篆，汉代蔡邕的八分书，三国皇象的章草，晋代王羲之的行草，唐代张旭的狂草，还有颜真卿、柳公权、欧阳询、赵孟頫诸家的楷书等等。现代的书法大家也很多，如郭沫若、启功等。

汉字艺术的另一种形式是印章，以篆刻为主，包括甲骨、金文等古文字。篆刻分阴文与阳文，用朱砂印泥，常与书法配合，组成独特的汉字艺术品。2008年北京奥运会会徽就以印章形式表现了"舞动的北京"，真是妙趣天成，神韵独具，给人强烈的艺术感染。

汉字除了在视觉艺术上有"独一份"的荣耀，在听觉艺术上也达到了世界其他文字所不及的境界。汉字一字即一个音节，由此产生了多种多样的诗歌形式，四言、五言、七言、杂言、词、曲等。因为方块汉字在排列上的灵活，还可以出现回文诗、藏头诗、宝塔诗等趣味横生的艺术样式。更还有"对联"这样一种运用十分广泛、深受群众喜爱的艺术形式。

八国联军侵华时，洋人气焰嚣张，有为虎作伥者，写了一条上联："琴瑟琵琶，八大王单戈独战。"意在炫耀武力。有气愤不过者，回对一下联："魑魅魍魉，四小鬼合手擒拿。"表达了全国人民齐心抵御外辱的决心。袁世凯称帝时，有人运用对联形式辛辣地嘲笑他的倒行逆施，以"袁世凯千古"对"中华民族万岁"，意为"袁世凯"对不起"中华民族"。这种形式对仗、音韵铿锵、意味深长的艺术形式，只有形音义兼具的汉字才可能具有。我只能说，汉字本身就是艺术。

四、汉字的表现力与生命力

一个事物能够长久地存在，说明该事物有强大的生命力。汉字之所以成为仅有的从古通行至今的文字，表明汉字有旺盛的生命力。这种生命力，我认为至少有两方面：一是表现力，二是适应性。

汉字是最富于表现力的文字。第一，简明。简约是一种智慧，用经济的方式传达最丰富的内容，这就是表现力的第一要素。汉字基本上是一字一音一义，是一种信息量高度集中的载体。在联合国规定的工作语言中，永远都是中文的工作文本最薄。

你在电脑一帧网页上看到的东西，永远是中文网页的最多。与任何拼音文字相比，汉字所占的空间最小。同样一部《战争与和平》，印同样的字号，汉译本的页码大约只有俄文本的一小半。以相同的阅读速度来阅读，阅读俄文本所需时间比阅读汉译本要多得多。英文或其他拼音文字也一样。汉字的这一优势不仅节约了纸张，降低了印刷成本，更可贵的是节省了亿万读者的阅读时间。假如一个中国人与一个俄国人一生读书的时间相同，中国人要比俄国人多读成倍的书，这对一个民族的智力开发具有多么重大的意义呀！

第二，丰富。汉字在漫长的发展过程中，变得越来越精细，达意越来越恰切，越来越生动。汉字有一字（词）多义，也有一义多字（词），能够把意思传达得非常精妙。

讲个故事，有个外国人来华学习汉语，见谁都请教。有一天，他用棍子在沙地上戳了一下，然后问旁边的中国人该怎么说。一个小孩子告诉他，这是一个"洞"；一个青年人告诉他，这叫"坑"；一位女士告诉他，这叫"孔"；一位老者告诉他，叫"穴"；一个农民工告诉他，这是个"窟窿眼儿"；一位大嫂则说，就是个"沙窝儿"。这位外国人呆了，觉得中国人真是"太有才了"。同一个对象，不同的表述，附带着就把情感和经验都表现出来了，这表现力能不强吗？

再看这几个词：面貌、容貌、面容、面孔、面目、嘴脸，都是说的同一对象，使用起来却有不同效果，能表达出很细微的情感。这样的例子无需多举，从孔老夫子开始，他发明了"微言大义"的"春秋笔法"，一字之褒贬，可以见忠奸。用"弑"不用"杀"，说明所行不义；用"伐"不用"战"，说明正义所在。一个中文学得好的人，能掌握丰富的词汇，就能够把不论多复杂多微妙的意思精准地生动地表达出来。

说汉字最富有生命力，这已经是明摆着的事实，不言自明。关键是汉字为什么有这么强的生命力呢？这奥秘就在汉字巧妙的结构上。汉字有数万个，但都是由寥寥几个简单笔画构成，所以手机上的几个按键就足以打出所需的汉字。由笔画构成几十个偏旁部首，电脑上的键盘就够用了，输入速度比英文还快。由部首再进一步就成了"文"，有的部首本身已经是文了。文是能独立表达完整意思的最小单位。"独体为文"，汉字里的文，大约有400来个，日、月、水、土、马、牛、羊等就是，这是汉字中的"基本盘"，多半是象形字演化而成。由这些基本字再组合，即"合体为字"。"字"是"宀"下加一个"子"，本意就是"滋生"的意思，滋衍成字，汉字由此大量派生。

古人把汉字的造字方法归纳为六种，称为"六书"，即象形、指事、会意、形声、假借、转注。这里面，后两种并未直接产生新字，属于用字方法。象形、指事的字不太多，会意字的比例也不太高，绝大部分是形声字，大约占汉字总数的90%。这是汉字表音功能越来越突出的结果。我们比较一下埃及象形文，它在结构上比较松散，图画性很强，而且由音、义、定三套系统构成，繁难复杂，最终不能适应社会进步的需要而被淘汰。中国的象形字，对图形作了抽象，先是线条化，继而笔画化，再而部首构件化，它没有拘于图形，但又始终没有放弃空间视觉的利用，它以方块为框架，保障了字形的紧凑。汉字将中国人对自然世界的理解运用于其中，世界是由最基本的一些物质构成的，人类社会也有一些相对稳定的行为，这些就成为汉字的构成元素——部首。同时汉字又充分认识到声音听觉在表达交流上的重要作用，以形声字作为新生字的主要方向，很好地适应了语音交流的变化。所有这些，成就了汉字强大的生命力。中国近代思想家辜鸿铭曾说：中国人是一个永不衰老的民族，中国人最美妙的特质就在于他们拥有永葆青春的秘密。这个秘密，也包括中国人的汉字。

汉字的构造方式，使它具有良好的延展性。比如以"木"为形旁，可以搭配不同的声旁，造出一大批新字："桂、柚、桃、杨、柳、柱、构、桩"，等等，凡与木相关的，只要知其声，就能造其字。又比如，以"胡"字为声旁，加上不同的形旁，也可以造成一大批同音或近音的新字：加"水"为"湖"指湖泊，加"火"为"煳"

指烤煳，加"米"为"糊"指糨糊，加"王"为"瑚"指珊瑚，加"虫"为"蝴"指蝴蝶，加"鸟"为"鹕"指鹈鹕，加"犭"为"猢"指猢狲，加"酉"为"醐"指醍醐，加"艹"为"葫"指葫芦。只要见其字，就能晓其意，读其声。这种通过辨认字形、由形知义、由声知音的造字方式，十分便于认读。所谓"望文生义""认字认半边"，也有它积极的作用在，至少容易脱盲。

汉字强大的生命力，还表现在它有很好的包容性。汉字在它的发展过程中是十分善于接受外来事物的。战国时期，各国文字不一，同一个字甚至有几十种写法，秦统一天下，李斯以秦篆为基础，吸收各国文字之长，制定小篆颁行天下。汉代以后，与西域交往频繁，出现了许多表示西域事物的新字新词。特别是双音词和多音词增加了不少，比如有首边塞诗："葡萄美酒夜光杯，欲饮琵琶马上催。醉卧沙场君莫笑，古来征战几人回？"其中"葡萄""琵琶"就是外来词。魏晋南北朝及隋唐时期，佛教盛行，出现了大量来自梵语的"佛""比丘""浮图""阎罗"等词语。

十八世纪以后，西方传教士来华，特别是近代西方列强打开中国国门之后，西方语词开始大量涌入，外来语急速增加。其中，相当大一部分是从日语借用过来的，比如"经济""哲学""革命""瓦斯"，等等。到了现代，世界性交往更是经常，社会变化尤其剧烈，外来语就更加"与时俱进"，难以计数了。当然，这里绝大部分是语言上的影响变化，汉字则以它良好的延展性很好地适应了这种变化。有的是音译，如"咖啡""迪斯科""沙发"；有的是音译加汉字词尾，如"保龄球""呼啦圈""桑拿浴""道林纸""因特网"，等等；有的是意译，如"电视机""电冰箱""电脑""青霉素",等等;还有的直接把外文字母也收纳进来,如"AA制""MP3""IC卡",等等。总之,汉字不因为其古老,就拒绝新事物、就僵化,它始终以包容的姿态迎接一切新事物,并以自己灵活的表现力,想方设法来实现文字的记录表达功能,从而丰富了自己。

最后,汉字拥有超强生命力还有一个原因,就是自我革新,走简化之路。有人说,汉字很繁难。当然,拿一个汉字与一个字母相比,那汉字是繁难的,但从要表达一个意思来说,汉字则是最经济的。任何一个四字成语,恐怕都需要一篇小短文的外语来译出它的意思吧。尽管如此,汉字几乎从其创生的同时,就在走一条简化的路。如今天的简化字"从""网",在甲骨文里就有了。有人从《简化字总表》中选取388个字头进行溯源研究,其中汉代以前就始见的有111个,占28.61%,三国到唐代始见的有55个,宋代到清代始见的有175个,民国始见的有46个,新中国建立后始见的仅1个。可以说,汉字简化其实是前人一直在做的,今天不过是集大成而已。简化方案中2235个简化字,平均笔画10.3画,相对应的2259个繁体字平均笔画15.6画,每字平均减少了5.3画。简化字还改善了汉字的表音表意功能,使其更好认、好记、好写、好读,大大降低了学习的难度。这些,也都是汉字活力无限、魅力无限的秘密所在。

五、学好用好维护好汉字

汉字作为中国人的一大发明,是中华文明的标识,是中华文化之根。它带给我们的恩泽是无法比拟的。它的存在，绝不止是一种交际工具那么简单。我们中华民族构成族群如此众多，活动疆域如此辽阔，经历年代如此久远，为什么没有像造通天塔的人那样四分五裂？为什么五湖四海的人都能彼此互通心声？为什么几经民族危亡还能够再度崛起？这之中是什么在维系着我们这个大家庭？这种超强的凝聚力从哪里来？答案是——汉字。世界上的文字，唯有汉字具有这种魔力。

汉字不仅造福于中国，其对世界文明的影响和推动作用也是巨大的。它很早就被我们周边的许多国家引入，成为这些国家的通用文字，形成了一个范围广大的汉字文化圈。韩国、朝鲜、日本、越南、新加坡、马来西亚等国都曾使用汉字。后来一些国家创制了本国文字，也多受汉字的影响，如日本的平假名是借鉴汉字的草书，片假名则借鉴汉字的楷书。日本大量借用汉字，1981 年公布的《常用汉字表》收汉字 1946 个，其实际使用还不止这个数。韩国与朝鲜使用汉字有 1000 多年，直到 1446 年，世宗大王才颁布《训民正音》，创制了"谚文"，又过了 450 多年才真正推行；在朝鲜上层社会，仍然以通晓汉字为荣。韩国《大辞典》，汉字词条有 8 万多条，占 52.1%。汉字对这些国家的文化发展发挥了巨大作用，也是形成东方文化共同特征的一个直接原因。

近代以来中国的国运多舛，汉字的影响力也大为缩减，原来使用汉字的国家陆续另创文字，或限制使用汉字。现在随着我国国力的日益强大，汉字的影响力又复得到扩大。韩国 20 位前总理曾联合签名上书青瓦台，要求加强韩国小学汉字教育。日本有个汉字能力检定协会，1975 年成立时，第一次参加检定考试的只有 670 人，到 2007 年，应试人数已达 271 万，猛增 4000 倍以上，并且超过了参加英语能力检定的人数。日本一家书店发行一本《看似会读实则不会读的易错汉字》的书，一年时间里售出 60 万册，超过前美国总统奥巴马相关图书而居畅销书榜首。日本电视界在黄金时段播出汉字节目《阿 Q 猜谜王》《六角猜谜 II》，收视率高达 19.4%。对此现象，日本媒体甚至评价说："在连丰田都亏损的日本，与汉字相关的产业几乎成了唯一赚钱的地方。"越南在 19 世纪前一直使用汉字，几十年前弃用汉字，但汉字在越南当代社会和民俗中仍然占有重要地位，现在越南学汉语热已经兴起，报考中文系的考生年年爆满。在马来西亚，学汉字的热潮也很兴盛，越来越多的非华裔人士让孩子接受中文教育，其人数甚至超过华裔学生。

从"去汉字化"到如今的"归汉字化"，反映的是汉字文化圈国家对汉字文化载体的再次理解和认同，也是一种真正的对东方文化的自信。其实，我们自己也曾有过这样的"再觉悟"。在国运衰微、被动挨打时，曾经有人将落后的原因归咎于古老的汉字，以为只有走与欧美一样的拼音化道路才有出路。这实在是病入昏热中的错觉，是迎接新生儿时把孩子和血污一起泼掉的愚蠢行为。现在，汉字已经在最严格的现代条件下，证明了自己的先进性，中国人也彻底摆脱了那个妄自菲薄的时代，汉字继续为中华文明的新发展做贡献，成为民族复兴的利器的时代已经到来，我们需要做的是：学好、用好汉字，为汉字注入新的活力，同时也努力保持汉字的规范性和纯洁性。

当前，汉字有两大隐忧。一是我们书写汉字的水平越来越低，甚至让人生出"将来不会写汉字"的疑虑。我们平时书写汉字几乎不再有审美的要求，写出来的字常常"惨不忍睹"。这说明我们对文字的理解水平降低了，缺乏对汉字的敬重。另外，电脑的使用，大大减少了我们拿笔写字的机会，而我们在选择输入法时，相当部分的人选用的是拼音输入，这使得我们头脑中的汉字字形越来越淡薄，错别字越来越多。长此以往，提笔写不出正确汉字的危险是确实存在的。二是我们运用汉字的态度越来越随意，汉字的规范意识非常淡薄。随意制造简化字，随意复活繁体字，随意发明"火星文"，随意串用同音字或谐音字，随意使用欧式句法，随意窜改成语，随意夹用外文，等等。我们在街头或不少公共场合都可以看到一些令人费解的文字，如"母米粥""超市在地下一F""高考自愿填写培训""《非笔寻畅》"，等等。还有网络文字，就更像是儿戏了："蓝瘦香菇""喜大普奔""酱紫""造吗"之类，以寻开心、将错取宠的态度对待语言文字，这是进步呢还是退步呢？

实话说，我今天选这个题目来讲，是有那么一点"杞忧"的。我想通过这个课，提醒同学们思考一个问题：作为担当民族复兴大任的一代中国青年人，应当如何对待中华文化之根的汉字呢？如果大家能够接受下面的三句话，我就算达到目的了：

1. 我为汉字深感骄傲；

2. 我将努力学好、用好汉字；

3. 我将永远欣赏、爱惜、维护汉字的精美。

我希望从今以后，我们的同学们，汉字运用得更纯熟一些，写得更规范一些、更漂亮一些。

思考与探讨

1.在中华民族的发展历史中，汉字发挥着怎样的作用？

2.今天我们应当如何发挥好汉字的优越性，维护好汉字的纯洁性？

弥纶天地智慧书

——粗识『易经』

北京故宫，相信许多人去过，没去过的此生也一定要去，因为那是世界上规模最大、保存最完整的木结构宫殿建筑群。打开一张故宫全景图，紫禁城内那 9999 间半的房屋是如何分布的呢？那"前朝后寝"的核心部位又有何讲究呢？告诉各位，这跟中国古代的一部典籍——《易经》有关。

一、《易经》曾深刻地影响中国和世界

有个成语叫"韦编三绝"，说的是大圣人孔子勤奋地读一本书，由于反复翻动太多，联结竹简的皮绳竟然断了许多次。这是一本什么书呢？就是《易》。这应该是确有其事的，因为孔子在《论语》里说过："加我数年，五十以学易，可以无大过矣。"孔子"五十

而知天命，六十而耳顺，七十而从心所欲，不逾矩"，达到这般境界，看来跟学习《易》是大有关系的。

其实，不止孔子有这种体会，应该说古代中国人都有这种体会。今天我们常说一个词"容易"，什么意思？能够涵括、融汇《易》的思维处事原则，一切就都不成问题。这可是全民体验，千年积淀，才浓缩成这么个词的呀。我们应该都有认识的河南人，河南人表肯定的用语是"中"，也与易经"得中为贵"的思想有关，要知道河南正是《易》的诞生地。《易》这本书在过去，那是极其深刻地影响过全体中国人的。

我们还可以举出大量与易相关的日常用语来证明："三阳开泰""六六大顺""不三不四""九五之尊""谦谦君子""文明""文化""革命""革故鼎新""变卦""否极泰来""自强不息""厚德载物""穷则思变""适可而止""与时偕行"……还可以列出许多。你如果仔细一点，还会发现《易》也经常出现在历书、医书、运动保健书上，出现在清代以前所有文化大家的著作里。甚至还会出现在很庄重严肃、很现代的地方，比如说中华世纪坛。视野再打开一点，你会发现，《易》居然还出现在韩国的国旗和钱币上，出现在蒙古国的国旗和国徽上，还有新加坡的军机上。看来，《易》真是一本几千年来一直或显或隐地浸润影响着中国人甚至东方人生活的神秘典籍。

有人会问，我们现在的生活中似乎没多少与《易》相关的东西，有也就是算命先生、风水先生、道士、师公之类，难登大雅之堂，那是为什么呢？确实，今天在一般社群之中，除了算命先生和风水先生，已少有人谈《易》，以至于让人怀疑，《易》是否就是要回答这个问题，还得从易学发展的形式与环境两个方面来求得解答。其实，《易》的传承在中国是绵绵不绝的，但一直分为两支，一支是占术，一支为易学。占术专注于龟卜筮占的演算，因为能够满足世俗的功利诉求，所以一直在民间流传。而且越是不能把握命运的乱世，越是盛行。易学专注于理性思维的内涵，发掘其对宇宙人生的意义，它更多地是在知识阶层中传播。大家知道，学术发展往往需要政治清明、经济繁荣的时代环境。所以汉、唐、宋、明都有易学的发展高峰出现。而到了近现代，特别是鸦片战争之后，延续两千多年的中国封建社会盛极而衰，相应的西方资本主义方兴未艾，于是西学东渐，洋务运动兴起，科学主义盛行。中国知识阶层在痛感国运衰败的同时，失去了对自身文化的自信，甚至让中国人文传统背负了导致国运多舛的罪名，所以坚持弘扬易学者越来越少，竟致易学一时式微。这就造成了一个时期以来易学在国内寂寞无闻的局面。时至今日，后工业化时代来临，人文精神再度成为引导时代前进的动力，易学智慧的光芒终于又引起了国人的广泛注目。

有一个现象十分耐人寻味。历史上，不少西方智者在以《易》为代表的中华传统文化里潜心参悟，并收获智慧之果。请看：

著名德国古典哲学家黑格尔曾不以东方哲学为然，但当他看到《易经》之后大为惊讶，说"中国人也曾注意到抽象的思想和纯粹的范畴"，他想不到中国人在几千年前就已经进入了他引以为傲的哲学领域。他承认"易经包含着中国人的智慧（是有绝对权威的）"。

另一位德国人，著名的大科学家莱布尼茨，他在看到传教士白晋寄回的《易经》卦图之后，佐证了自己创制的"二进制"算术的正确性，1703年在皇家科学院发表论文时，其副标题是："关于只用'0'和'1'兼论其用处及伏羲所用数学的意义"。正是二进位制拉开了计算机时代的序幕。

大物理学家、哥本哈根学派创始人丹麦人玻耳，他自称其量子力学的核心内容"互补原理"的形成与中华文化有不解之缘，故而当丹麦皇家颁发给他荣誉勋章让他选择族徽图案时，他选择的就是太极图。

西方人对易经的参悟持续至今，瑞士思想家荣格说："谈到人类的智慧宝典，首推中国的《易经》，在科学方面，我们所得的定律，常常是短命的，或被后来的事实所推翻，唯独中国的易经，亘古常新，相延六千年之久，依然具有价值，而与最新的原子物理学有颇多相同的地方。"著名经济学家、诺奖获得者查理森·威尔海姆感叹说："知识经济正在改变着我们的时代，但是许多人并不知道带给我们巨大冲击的这次革命，实在受惠于古代中国的伟大经典《易经》，《易经》中包含的信息论思想，不仅启发我们的科学家创造出计算机，而且正在成为越来越多的普通西方人日常生活的决策指南。"

真是东方不亮西方亮。有道是"敝帚自珍"，我们却妄自菲薄，一至于此！无怪乎现在要力倡国学了。

二、《易经》的价值和地位

现在，就让我们来认识一下这部旷世奇书吧。

概括地说，《易》是中华传统文化的总源头，是中华文明的价值核心与灵魂，是古代华夏民族最突出的智慧结晶。

为什么如此说？

首先，《易》的出现最早。传说是由远古的伏羲氏所创，那时还是结绳记事的时代，连较成熟的文字都还没有出现。伏羲"仰则观象于天，俯则观法于地，观鸟兽之文，与地之宜，近取诸身，远取诸物，于是始作八卦"。伏羲创制了一套符号系统，巧妙而严谨地来表述他的观察所得及深邃的思想。有人曾以为《老子》和《论语》是中华文化的源头，这完全是不明究里的臆说，起码时间上就差了老远，《论语》《老子》是春秋时期的著作，而《易》的出现早在文字诞生之前。

其次，从视野的范围和内容的涵盖上说，《易》是最深广的。《易》所阐发的宇宙观和方法论，全面地为后世"百家"所继承。比如《易》讲阳刚与阴柔，《老子》偏于阴柔；《易》讲自然也讲人事，《论语》偏于人事。它们都是对《易》部分思想的阐发。古人评价："易为群经之首。"中华文化系统乃经史子集，以经为首，而《易》又是群经之首，可见《易》是中华文化的总源头。清代《四库全书总目提要》中说："易道广大，无所不包。旁及天文、地理、乐律、兵法、韵学、算术以逮方外之炉火，皆可援易为说。"世上一切知识学问都是有一定范畴的，但有一种学问是最基础和最普遍的，它是元理，那就是哲学。而《易》就是中华民族最早、影响最广大最久远的一部哲学著作。《系辞》中说《易》"开物成务""与天地准，故能弥纶天地之道"。事实也确实如此，我国自先秦以来哲学发展的每个时期都是《易》在充当主角，大多数重要的哲学家、思想家、历史学家、文学家其实都是易学家。中国两大文化流派儒家和道家都以《易经》为最高宝典。

最后，《易》最集中地凝聚了先人的智慧。《易》的成书经历了"三代三圣"，从上古的伏羲氏（还有黄帝），到中古的周文王（还有周公），再到近古的孔子，经过了至少两千年的精神"淬火"，终于从一部占卜决疑之书变成了弥纶天地大道的智慧之书。

周文王

伏羲

三、《易经》内容粗识

接下来，我们就来具体地了解一下这部书。

1.何谓"易"？"易"字的造字有多种说法，有飞鸟说、蜥蜴说、日月说，多数人倾向于日月说。这是一个会意字，上"日"下"月"，日月成象，交替运行，周天变换。这里蕴含了"易"的基本含义——变易。这个运动变易的宇宙观是统领一切的大原则，《易》就是教人知变、应变、求变的。易还有另外二义：不易、简易。"不易"是指万事万物的运动变化是绝对的，同时又是有规律可循的，是循环往复的；"简易"是说了解了世界是变化运动的，又把握了事物变化运动的规律，就可以以简驭繁。易经就是以这样一套极为简易的符号系统来表达对世界的认识和掌握的。

2. 何谓"周易"？现在我们看到的易经叫《周易》，也有两种说法。一种说法，"周"是"周代"的意思，它是由周文王和周公修制并传下来的。"西伯拘羑里而演周易"，商纣王恐西伯姬昌声望日隆于己不利，将它拘囚在羑里，西伯利用这段不自由的日子研究伏羲八卦，推演成了六十四卦，并写下了卦辞和爻辞。这实际上是西伯在筹划大计，所以周易充满忧患意识，文辞艰涩难懂。另一说法，"周"是"周延往复"的意思。易有三种：连山、归藏、周易。连山易传为伏羲所制，以艮（山）卦为首，"如山出云，连连不绝"，故名。归藏易传为黄帝所制，以坤（地）卦为首，"万物终归于土"，故名。与此相应，周文王制易以乾（天）为首，天道运转不息，周延往复，故名。连山易、归藏易均已失传。

3. 何谓"易经"？"经"，即经典，指真理性极高而又言简意赅的作品。后人将《周易》列为必读经典，故称《易经》。其内容包括六十四卦及卦辞、爻辞，共有4900字。其中以"乾""坤"开始的三十卦为上经，以"咸""恒"开始的三十四卦为下经。"乾"为天，"坤"为地，上经关注宇宙自然；"咸"即感，"恒"为常，下经关注人事社会，包含着"推天道以达人伦"的含意。

4. 何谓"易传"？给经典作注释或阐述的文字叫"传"。因为《易经》艰涩难懂，研究而有心得者便给《易经》写下了注释性的文字，这就是"易传"。相传今天我们看到的注释易经的文字是大圣人孔子所写，内容包括彖（上、下）、象（上、下）、系辞（上、下）、文言、说卦、序卦、杂卦，共十篇，谓之"十翼"，以喻这些注释性文字有如羽翼，使《易经》得以远播。孔子研究并传授易经这是肯定的，正是孔子所做的这些工作，凸显义理，使得易经成为一部哲学伦理的经典。但"十翼"是否真是孔子手笔，倒不一定，其中相当一部分可能是其弟子或后人所撰。《易经》加上《易传》便是通常所称的《周易》。

5. 何谓"八卦""六十四卦"？前面说到先人创制了一套符号系统，用来表现他们对世界的观察理解所得，这套符号系统就是卦和爻。"卦"字由"圭"和"卜"构成，圭是观测的圭表，卜是观测的记录，上古之人在观天地之象时，尚无文字，乃以符号刻记，日影明晰，划一实线"—"，月影朦胧，划一虚线"--"，这就成了表示阴阳的两个基本符号，叫作"爻"，"—"是阳爻，"--"是阴爻。"爻"字脱胎于网罟，是交结之义。阴阳两爻编织成网，无所不包。怎么编织？那就要有位序。易经设定的

后天八卦

位序是"天、地、人"三才。天在上，地在下，人居中。将阴阳爻按三个位序排列，即成一卦，共可得八个不同的卦。古人给这八个卦取了名字，并以之分别象征八种自然属性类型：乾（天）、坤（地）、震（雷）、巽（风）、坎（水）、离（火）、艮（山）、兑（泽）。八个卦还不足以反映世界的复杂性和多样性，古人又将八个三位卦重叠组合，得出了六十四个六位卦，也分别给予命名和确定属性象征，这就是"六十四卦"。为什么这样编织呢？这是古人宇宙观的反映，"易有太极，是生两仪，两仪生四象，四象生八卦，八卦定吉凶，吉凶成大业"。这个排列推演过程可以图示如下：

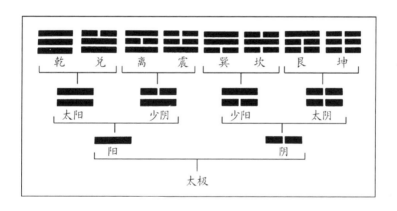

6.何谓"象""数""义理"？易经的这一套符号系统，我们如何去进行解读呢？这解读的途径就是象、数、义理。由于倚重的途径不一样，从来易学研究就分为象数派和义理派两个方向。

所谓象就是卦和爻所具有的意象。"是故易者，象也。象也者，像也。"易者取象成卦，解卦者则观象知其意。无论是卦，还是爻，都有相应的象，把握了象，就可领会卦或爻的含义。举乾卦为例：自然卦象是天，天的最大特征是运转不息，所以乾卦的卦德是"健"，是永不停息，不断进取。所以"天行健，君子以自强不息"。

再看各爻的象，分别是潜龙、见龙、惕龙、渊龙、飞龙、亢龙、群龙。不同时间不同环境下的龙，有不同的状态，应该有不同的表现。从这些爻象中，人们了解如何去实现自强不息。

再说所谓数。易本初是占筮之书，古人占筮用的是蓍草，这里必然会关涉到数。易经里的数有比较特别的属性区别，在1至10的十个数中，凡奇数称为阳数、天数，凡偶数称为阴数、地数。1至5的五个数是生数，6至10的五个数为成数。"天数五，地数五，五位相得而各有合。天数二十有五，地数三十。凡天地之数五十有五，此所以成变化而行鬼神也。"在五个生数里1、3、5是阳数，加起来是9，所以9为阳数之极。2、4是阴数，加起来是6，所以6是阴数之极。卦画中，阳爻皆称九，阴爻皆称六。这些数当然有些玄机在内，主要在占卦时有用，我们大约了解一些就好了。

另外，需要提及的是，《易》里阴阳二爻的推演，如果用数学形式表现的话，那就是一种二进制，这个数理概念被认为是现代数码技术的发源。至于易的义理，这是研究易学最重要的部分，是最大的关注点。它就是根据易经中的卦辞和爻辞，以及易传，来揭示易中所蕴含的深刻哲理，以增长人生的智慧。比如乾坤两卦的象词："天行健，君子以自强不息""地势坤，君子以厚德载物"，就包含着非常积极的人生态度，因此"自强不息，厚德载物"被清华大学引为校训。

7. 何谓"占卦"？易出现的初始目的是为了决疑的，是一部占筮之书。现在的算命先生就是利用它的这种功能来讨生活的。怎么占呢？首先得起卦，就是用蓍草，或者别的道具，推演出一个卦来，然后根据卦象来进行吉凶的推测。其实，这就是以一种神秘形式对事物未来的变化发展趋势所作的一个分析，这用现代的语言来表述就是一个概率的问题。不论如何，吉凶的概率都是50%，占得再怎么不靠谱，都有一半的机会。如果收集的信息多一些，分析得就更切合实际，那占对的概率肯定就会高一些。所以占卦，重点不在结果，而在过程，在把趋吉避凶的种种可能搞清楚，有助于正确决策。所以，古人说"善易者不占"。

四、《易经》的思维特征及其现实意义

了解了《易》的结构和内容之后，我们再来体会一下《易》的思维特征和思维方法，这才是最有生命力也是对我们最有益的东西，真正的大智慧在这里。

大家知道，中国人的思维习惯与西方人有较明显的不同，这种不同也许自古就存在，易学思维的影响显然是原因之一。人类的思维方式，有抽象思维和形象思维两大类。《易》的思维方式在综合运用的基础上，更多地运用到形象思维。有两点表现很突出：

一是《易》除了运用语言表达系统外，还结合运用了符号表达系统。《系辞》中说："书不尽言，言不尽意，……圣人立象以尽其意。"语言表达思想是有限度的，我们常常会有"词不达意"和"只可意会，不可言传"的感受，正如老子说的"道可道，

非常道。名可名，非常名"，这时候，就需要用意象来弥补缺陷。《易经》运用了阴阳爻和卦及其所代表的卦象，给予人们更广阔的想象空间，丰富思维的细节，传达更多的信息。

再就是易除了运用逻辑思维外，还运用了非逻辑的意象思维。逻辑所用的概念必然是剔除了一切非本质的次要的信息的，它缺少表现力，也缺少创造力。而《易》所运用的符号系统都是凝聚了若干重的意象的，它们携带的信息异常丰富。比如在看到环形排列的六十四卦图时，我们可以直观地感受到万事万物是怎样互相联系、互相转换的，是怎样你中有我我中有你的。看到"泰卦"的时候，我们的脑海里会出现内卦"乾卦"所代表的天，外卦"坤卦"所代表的地，以及天地所具有的动与静、刚与柔的一切属性，还会显现出天地之气相交，万物由此化生的意象。这种"取象比类"的思维是知性的，同时也是感性的，甚至可以说是艺术的。顺带说一句，中国的文字也是这种思维的产物，所以中文书法才可能成为一门艺术。

易学思维还有一个十分宝贵的特征，那就是它大量运用的是辩证思维。在逻辑思维里，形式逻辑反映的是事物的静止状态，是初级的逻辑思维；反映事物的发展变化过程和事物间的关系则需要运用辩证思维，这是逻辑思维的高级形式。易学里的辩证思维是一种居于主导地位的思维，它主要体现为整体思维、变易思维、相成思维等。

《易》是中国人的宇宙论，它把一切都置于完整的宇宙系统中。它设天、地、人三道，将人道视为与天地之道相合相通而又独立的部分。而三才之道又分阴阳二爻，分别组成六十四卦，表现出了一切事物的互相联系、互相制约，和在不同时空下的状态变化。它的任何一卦一爻都不是孤立的。易是一个天地人物时空的全息系统。易学的变易思维更是自始至终贯穿到底的。名字就叫"易"嘛。

　　具体表现在：卦随爻变。如坤卦，初爻变即为复卦，初、二爻变即为临卦，初、二、三爻变则为泰卦。爻随位变。同是阳爻，在乾卦的六个不同位置上，卦象就不一样。即便卦象类似，内涵也有很大不同。如乾卦九二、九五爻都有"利见大人"的意象，但大人的对象已经变换了。易的卦象爻辞既不是笼统的，也不是绝对的。比如吉，有初吉、中吉、终吉、大吉、元吉、贞吉。凶、吝等判辞也是如此。而且，凶吉吝悔都不是铁定不变的，还取决于人的行为过程。易的卦爻的意象也多是变动不居的。《系辞》中就说"刚柔相推，变在其中""易穷则变，变则通，通则久"。《易》中的相成思维也是非常突出的，我们很清楚地可以看出易的宇宙观是一个对立统一的宇宙，以阴阳为基本的对立统一模式。八卦和六十四卦也都是两两相对的，存在着互反互错互综互复亦反亦复亦综亦错自综自复等复杂的关系，体现着"一阴一阳之谓道"的大易之道。

　　易学思维的这些特征对我们今天特别有意义，非常值得我们继承和发扬。我们现在致力于建立创新型国家，这就要大力倡导创新性思维，而创新性思维更多地就依赖形象思维和辩证思维才得以实现。研究表明，直接导致创意萌生的思维方式是非逻辑的思维。因为任何逻辑演绎做出的推断，原则上已经包含在它的前提中了。所以培根说："逻辑推不出新知识。"爱因斯坦认为："一般地可以这样说，从特殊到一般的道路是直觉性的，而从一般到特殊的道路是逻辑性的。"美国人罗杰·冯·伊区说："创造过程的萌芽阶段需要另一种完全不同的逻辑，这种逻辑可描述为隐喻的、幻想的、扩散的、精简的，以及模棱两可的。"这里的"直觉""另一种完全不同的逻辑"就是指的意象思维。

长于意象思维的易学思维方式，在极需要培养创新思维品质的今天，显然是非常切合时宜的。另外，分门别类的近代自然科学诞生以来，逐渐失去了宏观的整体观念，科技文明不断地陷入困境。现在人们已经认识到科学主义产生的负面效应，开始呼唤科学的人性化，盼望返回到人与自然和谐统一的正途上来。这时候，易学思维中天人合一的整体思维和对立统一的辩证思维，无疑是极为有价值的思想武器。

五、《易经》思维的有益启示

下面我们再具体地了解一下易学思维方法能带来哪些有益的启示。

1. 生生不息的变化观念。"生生之谓易"，易就是教人知变、识变、就变的。易告诉我们，变化是永恒的、无穷尽的。易以乾卦开头，以未济卦终结，象征事物变化循环往复，无可穷尽，了犹未了。人不但要有勃勃生气，而且不可停滞不前，不可囿于目前，必须有长远的、发展的眼光。

2. 阴阳和合的动力观念。变化因何而来？"一阴一阳之谓道""刚柔相推，变在其中矣"。但是，"纯阳不生，孤阴不长"，易以乾坤二卦为开端，其余六十二卦都是阴阳交合的产物。易所追求的，就是阴阳和合的境界。"泰卦"之所以称"泰"，就是因为它内卦外卦阴阳交合相应。《国语》中说："和实生物，同则不继。"我们一定要有和谐万方的魄力，才可以求得可持续发展。

3. 物极必反的转化观念。《易经》里乾坤两卦比其他卦多一条卦辞，分别是"用九""用六"。为什么？因为这是两个纯阳纯阴的卦，这样的卦在运用的时候是需要特别谨慎的。乾卦六爻都是阳刚，坤卦六爻都是阴柔，物到极端就要出问题，就要开始走向反面。所以要小心从事。"泰卦"之后是"否卦"，"泰卦"象是"小往大来"，"否卦"象是"小来大往"，两卦恰好相反。"剥卦"接的是"复卦"，"剥卦"由下而上全是阴，只有一阳在顶。若顶上一阳再剥去，会是什么情况呢？变成纯阴的坤卦吗？不是，阴极则阳生，一阳又从底下冒出，成为复卦了。易学告诉我们，凡事忌走极端，须知物极必反，宜取中庸之道。

4. 动静有时的机变观念。"卦者时也，爻者适时之变也。"每一卦在整个易卦中都代表着一定的时间，每一爻在卦中也代表着一定的时刻。十二月卦以"泰卦"始"临卦"终，"泰卦"在正月，"临卦"在腊月。各卦中初爻始上爻终，每爻两个时辰。所有取象在不同的卦时和爻刻上，它们的蕴意也是不一样的，《易经》中有许多教人们把握时机的言语，如"应乎天而时行"，"豫之时义大矣哉"，"睽之时用大矣哉"，"与时行也"，"与时消息"，"终日乾乾，与时偕行"，等等。一切因时而变，以时间为转移，所以"圣人不巧，时变是守"。易经告诉我们，要动静有时，待机而动。

5. 行止有度的行事准则。既然物极必反且动静有时，那么人的行事就应该行止有度，要适可而止，要有节制。《易经》里艮卦、小畜卦、大畜卦、节卦都讲了当止则止、节制有度的问题。人的作为是有积极意义的，但人道又是法天地之道的，人为太过即为错。有了过错就必须中止，也就是"为学日益，为道日损，损之又损，以至于无为"。最后回归自然。自然的运动也是有节制的。节卦中说"天地节而四时成"。天气不可能热就一直热下去，冷就一直冷下去，也不可能只有两季，暴冷暴热，必须适可而止，一年寒来暑往经过二十四节气，形成春夏秋冬四季。相对应的人事就是"节以制度，不伤财，不害民"。

6. 穷则思变的改革精神。人们行事知止知节是一方面，另一方面又要知变思变。一味地止会窒息生机，一味地行也会穷途末路，要想保持生机而又前途无限，就只有不断改革。《易经》中的"革卦"和"鼎卦"就是阐述这个道理的，"革卦"讲革故，"鼎卦"讲立新。"革卦"强调改革要掌握时机，要方法得当，同时要坚守正道。还以"汤武革命"为例，说明改革是"顺乎天而应乎人"的。"鼎卦"卦形与"革卦"正好翻倒过来，说明两者对立统一的关系，不破不立，除旧须得立新，不立新不能除旧。"鼎卦"卦象中蕴含着任用贤能、谨防小人、经受挫折等意象，但结局都是吉，说明改革才能持续发展，改革是有光明前景的。

7. 事在人为的能动意识。《易》有占卜之用，但吉凶祸福却根子在人。《系辞下》中说："天地设位，圣人成能。人谋鬼谋，百姓与能。"一切因缘看似天意，其实多是人为积累的结果，所以除了人不能操控的是鬼谋，人能操控的是人谋，事情的成败兴衰，人（百姓）是能参与其中的。《易经》里常见"贞"字，这个字的含意是"正"，是坚守正道的意思。所谓"贞吉""利贞"的断语，就是说如果动机纯正，坚守正道，就能有吉利的结果。《易经》教人自强不息，趋吉避凶，就是要人发挥主观能动性，把命运握在自己手中。

8. 进德修业的君子之道。《易经》有一个最显著的特点，就是有一种人本思想，将人与天地并列，"立人之道，曰仁与义"。换言之，就是勉励大家都做君子。所以张载讲："《易》为君子谋，不为小人谋。"《易》从头至尾，几乎都在区别君子与小人在各种状况下的不同行事，指导人们进德修业。《文言传》中解释乾坤两卦，就有大量文字描述了君子的作为，如"君子体仁足以长人，嘉会足以合礼，利物足以和义，贞固足以干事，君子行此四德，故曰元亨利贞"，"君子敬以直内，义以方外。敬义立而德不孤"。再看《困卦》：卦象以君子为小人所困，处于逆境，但"君子以致命遂志"，宁可牺牲性命也要坚持理想，正如孟子所说"富贵不能淫，贫贱不能移，威武不能屈"。而《谦卦》就更树立了日常状态下的君子形象。《谦卦》是坤上艮下，以卑蕴高，有而不居，止于内而不事张扬，顺于外而以卑下人，完全是一个谦谦君子的形象。在所有六十四卦中，只有这个谦卦是没有凶辞的，它的上三爻皆利，下三爻皆吉。所以做人之道，当以谦为要，以德服人，并持之始终。

以上，我们粗略地从《周易》中学习领会到了一些十分有启发、有意义的东西，尽管只是很皮毛地探讨了一下，但已经让我们强烈感受到，它确是一本弥纶天地之道的智慧之书，是中华民族文化的无价瑰宝。现在我们终于明白，孔子当年为什么那么孜孜不倦地学习《易经》，那样地相见恨晚了。今天，我们跟悠久的人文传统暌违已久了，而面临的世界又有如此之多的困境，我们该如何做呢？还是用易经的智慧来给我们指条明路吧：《易经》的《大畜卦》，艮上乾下，乾为健，艮为止，阳刚之德畜而未张，称为大畜。卦辞告诉我们，这时应该"君子以多识前言往行，以蓄其德"。好了，让我们努力学习继承，厚积而薄发，定能开辟更光明的前途！

思考与探讨

1. 为什么说《易》是中华文化的总源头？

2. 现在强调创新发展，而《易经》是最古老的东西，为什么反而对我们有很大的启示作用呢？

3. 了解了《易经》之后，大家能解释一下故宫建筑在布局上体现了怎样的易学道理吗？

礼乐相承塑中华

一、礼乐传统的由来

现在一些西方人士常常以所谓"人权"为幌子来对中国说三道四，粗暴干涉我国内政，他们的无耻和无知很是让人惊讶！其实在人权问题上，西方人并没有多少资格对中国人进行说教，因为在世界各大文明中，华夏文明是最早具有人的自觉的，并在建立人的和谐关系上是最有心得的，因为我们中国是"礼仪之邦"。

我们中华民族为什么称为"华夏"？上古黄帝娶蜀女嫘祖为妻，蜀本义为蚕，即蜀地人早就知晓养蚕缫丝织锦，所以中国人很早就是"衣冠之族"，衣冠华美，故称之为"华"。"夏"是上面一个面具，两腰各有一只手，下面是跳跃的双足，是一个人舞蹈之状。舞蹈者礼乐之始也，"夏"就是识礼乐的人。所以，中国人从远古以来就是一个以衣冠礼乐而闻名、而著称的民族。

那么，她又是怎样从制度政体上成为"礼仪之邦"的呢？这要回溯到大约三千一百多年前中国历史上一个重要的变革时期，就是商周时期。商朝是一个经济较为发达的社会，从铸造青铜器的技术就可以知道，还有商纣王的所谓"酒池""肉林"也从侧面反映了物质生产的水平。但商代是一个信奉鬼神的朝代，殷墟出土的十多万片甲骨，上面记刻的大多是卜辞。商人的一举一动都要求神问卜，请求神灵的保佑。如此信奉鬼神，相应地对人就很不当回事了，"人殉""人牲"一类事司空见惯。"比干挖心"的故事就是明证，比干是王室，说明鬼神时代就连贵族也没有生命保障。这样一个物质上巨人而精神上侏儒的商朝，在周武王兴兵征讨的时候不堪一击，关键的"牧野之战"，商王七十万大军大多数都阵前倒戈，前后不到两个月，商王朝就被周朝取而代之。"殷鉴未远，在夏后之世。"周王朝革命成功，成为天下共主之后，就总结商朝灭亡的教训，结论是："惟不敬厥德，乃早坠厥命。"

周人最大的一个觉悟就是：鬼神靠不住，决定国家兴亡的还是人心向背。统治者应该"无鉴于水，当于民鉴"，做到"惟王位在德元"，才可"以小民受天永命"。于是，周确立了以人为本的治国原则，这是一个非常了不得的进步，而当时世界各处则还要继续在鬼神时代长久地徘徊。也正是这个原则最终导致封建制取代奴隶制，虽然取代过程几乎贯穿了整个周代。既然要以人为本，那么如何让百姓都跟周王室一个心思，如何让各式各样不同状况的人都相安无事，并且都为天子效力呢？这个问题就成了周王朝必须解决的难题。时势造英雄，这个大课题提出来，就要由非凡的人来破解它。

这个人叫周公。周公姓姬名旦，是文王的四子，武王的弟弟，成王的叔叔，一生辅佐三世君王，是一个智慧超群的传奇人物。周公对这个难题的破解，使他成为中国历史上影响最深远的人之一，成了中国文化最具代表性的创建人之一。周公当时的指导思想，就是要找到一种方法或途径，"纳上下于道德，而后天子、诸侯、卿大夫、士、庶民以成一道德之团体"（王国维《殷周制度论》），达到"以德配天"、天下大治的目的。这种方法或途径只有顺着"人之道"才能找到，也就是说要顺应人的天性，作用于人的情感。按照这样的思路，问题出来了。人性深藏于每一个个体的人身上，有善有恶，千差万别，甚至于还有动物性的遗存，比如争斗、残杀、占有等。怎么样让每个社会成员的人性都合于社会公众的利益，从而建立一个有秩序的稳定的社会？周公最后找到的办法就是"制礼作乐"。周公在成王成年以后，交还政权，自己专心致志地把礼乐制度建立起来，可谓用尽了毕生精力。

这就是中国礼乐制度的源头。很清楚，跟西方世界不同，跟世界其他文明不同，西方维护社会秩序靠神、靠宗教，后来靠法律；而中国在那样广大的疆域里，在那样众多的民族中，主要是靠道德来维系人心，实现社会稳定。这就是中华文化的特点，也是它的伟大之处。

二、传统礼乐的内涵与作用

中国的礼学原典有三部：《周礼》《仪礼》《礼记》。《周礼》是一部通过官制来表达治国方案的著作，是周公制定的，长久地影响着中国的国家政体。《仪礼》是一部先秦人生礼仪的集锦，对从生到死各种祭祀和典礼都有记述，其中不少内容曾经孔子整理作为教材，是古人的行为规范指南。《礼记》是孔门弟子探讨礼学的思想文集，经西汉礼学家戴德戴圣叔侄俩分别编注，是礼学思想的总汇，博大精深，堪称人生宝典。这三部原典所表述的礼，究竟是个什么东西呢？有两点需要把握：

第一，"礼者，理也"。就是说礼所规范的东西，都是符合人性的，"天命之谓性"，所以也是符合天理的，是人类社会最自然、最合理的要求。这个要求就是德，周朝树立的理念就是"以德治国"。后来孔子又提出了"仁"，也是人际关系中的基本原则。这个"德"与"仁"就是礼的实质，礼则是它们的具体化，是落实"德"与"仁"的。孔子说过："道之以政，齐之以刑，民免而无耻；道之以德，齐之以礼，有耻且格。"（《论语·为政》）用礼来要求民众，施行德治，那人民才会具有羞耻之心，并且会不断上进，增强德性。

第二，"礼者，履也"。礼既然是落实德与仁的，那它就是必须见诸行动，必须实践履行的，这是礼的特性。孔子曾教训他的儿子"不学礼，无以立"。不学习礼，就不会做事，无所措手足，根本没法在社会上立足。孔子还教育他的学生"非礼勿视，非礼勿听，非礼勿言，非礼勿动"，这视听言动都是行为，所以礼是一种行为规范，是必须亲躬实践的。这个礼的应用范围十分广大，大到国家行政，小到个人修身，都是要遵守礼的。荀子说："礼之于正国家也，犹权衡之于轻重也，如绳墨之于曲直也。故人无礼不生，事无礼不成，国无礼不宁。"（《荀子·富国》）礼对于个人成长意义尤其重大，人的个性难免有弱点，只有借助礼才能达到理想境界。正如孔子说的："恭而无礼则劳，慎而无礼则葸，勇而无礼则乱，直而无礼则绞。"（《论语·泰伯》）正因为礼是这么重要，所以孔子号召他的学生"博学于文，约之以礼，亦可以无畔矣夫"（《论语·颜渊》）。

再说乐。人之所以为人，最重要的是人有情感，有喜怒哀乐等"七情六欲"。这些情感酝酿在心里，达到一定强烈的程度，就会"形于言"，要说出来。说还不算，还会"嗟叹之"，发出感叹。如果说还觉得不够，那就会"歌咏之"，这时候就要唱起歌来了。唱得兴致高涨，那就"手之舞之，足之蹈之"了。这就是音乐和舞蹈的由来。"乐为心声"，世界各民族的音乐大致上都这么产生的。世界许多民族的音乐也就是因抒情而生、为娱乐而发的。但中国却不仅如此，中国人由此发现，既然情动于中就发而为乐，那么，循乐而进不就可以影响内心了吗？中国人于是赋予音乐以"教化"的功能，而且是一种高级形式的教化。

中国古代的音乐非常发达，中国人可以说是对音乐有最透彻了解的民族之一。在《礼记》中有一篇《乐记》，那是相当系统的音乐论著。中国人很早就掌握了音律，1987 年在河南舞阳县贾湖裴李岗文化遗址出土了距今约七八千年的骨笛，有五至八个孔；仰韶文化时出现的埙，由单孔逐渐发展到九个发音孔；战国时的曾侯乙编钟，共五十六枚，音域超过五个八度。古人还有一个声、音、乐三分的理论。自然界的一切响动，没有规律，不带情感，那叫声。经过人为处理，有高低音阶，形成旋律，表达情绪的，那叫音。而乐是什么？乐是有德之音，也就是能传达崇高情感、蕴含美好意愿的，才能称之为乐。这大约类似于今天的"主旋律音乐"，像《黄河大合唱》《长征组歌》《东方红》一类。周公当时整理创作了"六代乐舞"，比如《大夏》《九韶》《武》等，表演起来是气势恢宏的。

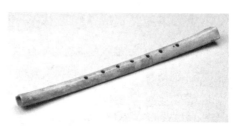

贾湖骨笛（新石器时代，距今 7800—9000 年）

曾侯乙编钟（战国时期）

古人认为"乐与政通"，"治世之音安，以乐其政和；乱世之音怨，以怒其政乖；亡国之音哀，以思其民困"（《礼记·乐记》）。所以古人对音乐的重视超乎我们的想象，专门设置了乐官，不仅创作各种乐舞，还广泛收集民间音乐，《诗经》中的作品，其实就是收集上来的歌曲，都能唱的，而且都思想纯正，所以孔子说"思无邪"。孔子其实也是一位音乐家，他教学生的六大学问中，就有"乐"。他碰到唱歌唱得好的，一定让别人再唱一遍，然后自己和唱。他看《武》乐表演，不断地向乐师请教旋律和节拍的含义，听到《韶》乐，一连几个月都陶醉其中，连吃饭都忘了什么味道。

古人这样重视音乐，目的是什么呢？是为了"移风易俗"。荀子就说过"声乐之入人也深，其化人也速"（《荀子·乐论》）。所以，音乐成为了"出所以征诛也，入所以揖让也"（同上）的重要手段。

古人创制礼乐的目的都是为了教化民众，但作用有所不同，礼作用于外，规范言行举止；乐作用于内，陶冶心性品质，两者互为表里。所以，礼乐都是手段，它们的本质就是道德和仁义。我们有些人提到礼乐就认为是一些仪式，唱唱歌，这是大大低估了礼乐，误会了礼乐。孔子当年就曾感叹："礼云礼云，玉帛云乎哉？乐云乐云，钟鼓云乎哉？"（《论语·阳货》）讲礼乐，不能只关注它的形式，更值得关注的是它的内涵，它的实质。

三、礼乐传承及对修身的启示

自周公制礼作乐以来，历朝历代都有发挥或增补，当然也不断地碰到过"礼坏乐崩"的厄运。治乱交替当中，其实礼乐还是在起着很大的作用，维系着中华民族的生存发展。文化的生命力就是民族的生命力，政权失去了，叫作"亡国"，但民族还在，只是权柄更替；文化失去了，那叫"亡天下"，民族就消亡了。

宋朝时北方有个辽国，是契丹族建立的政权，跟宋打过多年的仗，后来被金灭掉，契丹族也没有了，因为它的文化落后，消亡了。南宋后来也亡于元朝，但宋所承续的中原文化生命力强大，尽管包括汉民族在内的宋遗民都沦为"南人"，但并未消亡，而且统治者也渐被同化，天下仍是具有文化认同的中国人的天下。所以以礼乐为重要内容的中华文化，实在是民族命脉之所在，用个生命科学的词语来说，是中华民族的"基因"。

但是，这条命脉也不断地受到折损，很有一些被边缘化的危险，有被"转基因"的危险。这不是危言耸听，这里面原因很多，有对礼乐的误解，有革命的需要，也有礼乐如何与时俱进的问题。"五四"新文化运动时期，"打倒孔家店"，礼乐文化成了革命对象。"文化大革命"期间，"破四旧"，礼乐文化也大受冲击。现在经济全球化步伐加快，商品经济压倒一切，礼乐文化更是少有人顾及。2008年我国承办奥运会，组委会提出了"人文奥运"的口号，要向世界展示"礼仪之邦"的风采，这算是为我国礼乐文化的振兴带来了一股春风，我们的礼乐文化真的到了需要拯救的地步。

　　比如说，我们现在如果要开一门礼仪课，我们有什么民族礼仪可以讲授呢？好像真说不出多少，一些礼仪教材讲的是怎么打领带怎么拿刀叉一类的西方礼仪，我们连规范的民族服装都没有。特别是我们的有些同胞，把一些恶习也带出国去了，弄得有的国外旅游景点特别用汉语写警示牌，实在有伤自尊。反观一下韩国，韩国属于汉字文化圈，他们的文化受中国影响，中国古代经典也是他们的经典，包括礼仪。如《朱子家礼》就在韩国被继承得很好，我们看韩剧，他们的礼节确实比我们讲究。因此，我们对自己老祖宗留下来的东西不要不珍惜，不要自我轻贱。同时，我们要认真地学习继承，建立起适应新时代发展、符合我国国情的礼乐文化，这才是我们应负起的责任。

　　礼乐文化的继承是个大课题，有许多事情需要做、可以做，这里不多说。但前面说过礼乐的实质是道德，是仁义，最主要的作用是引导和改造人性，这正是需要我们继承的，也是我们完全可以实行的。我们继承礼乐传统，最需要做的事情其实就是修身。我们可以设定一个目标，那就是争取做一个文采斐然的君子。儒家的《论语》很多地方都提到"君子"，"君子"一词本意是与封建宗法制度相关的，但后来运用最广泛的含义是经过礼乐教化而具有道德修养的人。

卫国有个人向孔子的学生曾子提出过疑问："君子质而已矣，何以文为？"曾子回答说："文犹质也，质犹文也。虎豹之鞟，犹犬羊之鞟。"（《论语·颜渊》）意思是，一个人外在的行为表现其实与其内在素质是一回事，如果虎豹皮没有花纹岂不与狗羊的皮一样？所以，要做君子，不能不接受礼乐教化。而孔子则给出了教化的标准："质胜文则野，文胜质则史。文质彬彬，然后君子。"（《论语·雍也》）即质朴天性和后天修养相适相称，那才是社会所需要的君子。1914年梁启超在清华做过一次演讲，题目就是《君子》，而演讲中他引用了《易经》中的两句话"天行健，君子以自强不息""地势坤，君子以厚德载物"，后来"自强不息，厚德载物"则成为清华的校训。一百多年过去了，今天，我们仍然希望成为和培育这样的君子。

今天要做一个君子，还是需要礼乐教化，当然在具体的行为规范上未必要用旧时的老礼节，但主要的原则却是必须遵行的。这里说一说最重要的原则，清华大学彭林教授对礼有过很好的归纳，我很赞同，就四个字：敬、静、净、进（末一字是"雅"，我改换为"进"）。

第一个是"敬"。敬是礼的第一原则，没有敬就不成礼。《礼记·曲礼》开篇第一句就是"毋不敬"。《孝经》则说得更明确：

"礼者，敬而已矣。"古代所有的礼，都是着力于培养人内心的敬，对父母、对长上、对兄弟、对朋友、对事业、对天地都不能有不敬之心。怎样培养和表达"敬"呢？我们经常说的一句"敬礼"，由礼节来致敬。军礼、队礼、注目礼、叩拜礼等都是。是不是敬礼都是下对上的呢？不是。礼是讲求互相尊重的，这点务必要弄清。

《礼记·曲礼》说："夫礼者，自卑而尊人。虽负贩者，必有尊也，而况富贵乎？"凡人际交往，一定要尊敬对方，即使是挑着担子沿街叫卖的小贩，也都是有尊严的。为了突出对对方的尊敬，需要放下身段，自我谦卑，将对方放在受尊敬的位置上。比如上下车，进出门，一般总让对方先走，就是遵循这一原则。古代贵族是乘马车的，这是有身份的，但也不能不尊重人。《礼记·曲礼》里规定："入国不驰，入里必式。"到了都城要放慢速度，不能横冲直撞；到了乡里，就要站在车子的轼木前，向乡人表示致意。特别是遇到老年人，"君子式黄发"，是一定要行"式"礼的。表示敬意还须注意细节，细微处传达出来的恭敬之意，有时更让人感动。《礼记》中有这样的要求："奉者当心，提者当带""执轻如不克"。接过别人的礼品之类的东西，要双手捧着放到心口的高度，提着要与腰带齐平，即使东西较轻，也要像拿着重的东西一样，小心慎重。

对于我们学生来说，敬礼用得最多的时候，还是跟老师或长辈打交道。《礼记·曲礼》里说："侍坐于所尊敬，毋余席。"陪同师长说话，要坐得靠近师长一些，不要离得太远；但也不要太近，应"席间函杖"，保持一根手杖的距离，让师长有指画的空间。现在我们有些人来听大课、讲座，喜欢坐在后面，前面空出很多位子，这其实是失礼的，它传达的信息是，没有兴趣，随时准备离开。《礼记·曲礼》又说："侍坐于先生，先生问焉，终则对。请业则起，请益则起。"先生问话，听完先生的话才回答，请教先生要起立。现在有些年轻人，问答都安坐不动，也是失礼的。

一方面敬，一方面就要谦，这是相对应的。谦虚、谦让也是对对方表示敬意。古人有很丰富的敬语和谦词。比如，称对方"足下""阁下"，自称则"在下"；称对方父母为"令尊""令堂"，称自家父母则是"家父""家母"；称父母是"父母大人"，自称则是"膝下"；询问对方姓氏是"贵姓"，自称则是"敝姓""小姓"；等等。在我们的生活中，已经对这些敬语很生疏了。再比如，古人有名还有字，为什么？出于礼的需要。过去，小辈对长辈，乃至不是非常熟的平辈之间是不能直呼其名的，那是"大不敬"。所以，行了成年"加冠"或"及笄"之礼后，就要取"字"，以适应社交活动的需要。今天，我们大多有名无字，大家都直呼其名，已经没礼敬之意了。总之，对人要有虔敬之心，于己应持礼让之态，这是首先要做到的。

第二个"静"。静可以说是一种境界。《礼记》里有一篇《大学》，后来单独抽出来成为四书之一。《大学》开头一句："大学之道，在明明德，在亲民，在止于至善。""止于至善"，就是学习修炼的最高境界，为什么？下面接着又说："知止而后能定，定而后能静，静而后能安，安而后能虑，虑而后能得。"保持在至善的状态，这人就有定性，就能静心思虑，就会悟得更深的道理。所以修养深厚的人都是气定神闲、沉静从容的，正像溪水浅而喧闹，大海深而静默一样。

《礼记》里说君子"俨若思""声容静"。君子长于思考，未经深思熟虑，不轻易说话。要说话时也语调平和舒缓，不会高声嚷嚷。跟人交谈，总会耐心倾听，不轻易打断别人的话。《礼记》里还说"城上不呼"，"不越路与人言"。有修养的人决不在公众场合大呼小叫。《论语》里说"食不语，寝不言"，过去儿童从小就是被这么要求的。现在，这些古训许多人已经忘记了，言行常常无所顾忌，不大考虑周围人的感受，高嗓门说话，大音量放音乐，惊天动地地猜码，好像人声鼎沸就是繁荣进步。这都是修养不够的表现。为什么不好？从道德上说，这样做的人就是以自我为中心，缺乏对别人的敬重。从性情上说，这样的人也不够沉着，比较浮躁，容易犯浅尝辄止、见异思迁的毛病，恐难有大成就。所以，有大志成大器的人，都是有"静气"的。

美国历史上最伟大的人物之一富兰克林，给自己定了12条修身规则，其中第二条就是"沉默"。近代中国启蒙思想家魏源，原名远达，字默深，从他的名字就能了解他是个怎样的人。他从小养成沉静个性，可以把自己关在楼上数月不下来，以致偶一下楼，家里的狗都要追着他咬。所以他学问很好，在北京进国子监，同学同事中就流传"记不真，问默深，记不全，问魏源"的顺口溜。当然，沉静个性绝不是没有锐气和激情，闻一多大家是知道的，他在西南联大的时候，也曾跟魏源一样，经常长时间地把自己关在楼上做研究，人家送他一个绰号叫"何妨一下楼先生"。但在抗议国民党特务统治的时候，他却能拍案而起，不顾生死。孟子说"我善养吾浩然之气"，这浩然之气是磅礴的，也是静穆的。

第三个是"净"。在传统礼仪中，常常通过"净"来表示诚敬。古代的祭祀活动，祭拜者多要斋戒沐浴，祭品祭器也要收拾得很干净，"事死如事生"，可知古人早就知道良好的卫生习惯是有益于身心健康的。

古代儿童受教育，第一阶段是小学，主要学习内容是"洒扫、应对、进退"，基本是礼仪教育，其中洒扫就是一种劳动卫生教育。古人讲究内外兼修，表里如一，洁净的外表也是一定要的。古人待客，一定是"扫榻以待""束装而迎"，这是对客人表示尊重。如果蓬头垢面，衣衫不整，那就是轻蔑别人了。比如《三国演义》中祢衡骂曹操，就是袒胸露腹披头散发的。

外表的洁净，其实是内心明晰和条理化的表现，是思维严缜流畅的表现。这种行为习惯的养成既有益于营造清雅的社会环境，也有利于个人心性发展，是文明程度的一个标志。周恩来总理就读南开中学时，对校园里的一处铭牌记忆深刻，写的是"面必净，发必理，衣必整，纽必结。胸容宽，背容直、头容正，肩容平"。周总理君子气度的养成，不能说和这没有关系。我们今天，不少人对时尚挺感兴趣，但是不要忘记洁净是一个基本要素，虚华艳丽"时而已矣，未必可尚"。

上面说的是外表的净，内心的净如何做到呢？这就是"乐"的作用。乐是有德之音，是将人引向崇高的。"巍巍乎，志在高山"，"汤汤乎，志在流水"。《礼记·乐记》中说："乐行而伦清，耳目聪明，血气和平，移风易俗，天下皆宁。"古代的君子，音乐修养普遍不低，经常是沐浴焚香之后，静心抚琴，乐是修身养性的一道重要功课。我们今天，这方面的修养极需加强。

最后一个是"进"。礼乐文化给予人的教化最终是为了一个目的，就是让人有所长进。所谓"修齐治平"，一步一个台阶，不断成长，不断进步。人要长进，就必须要加强学习。《礼记》里面有不少讲学习的篇章。四书之一的《大学》是从《礼记》单独抽出来的。还有一篇《学记》，如果单独抽出来，也可以称为世界最早的教育专著。此外，《礼记》中还有一篇《儒行》，对君子的气度、胸怀、举止、居处、交友、言行、衣着等都提出了理想化的标准，其盼望世人好学上进之心，真是殷殷可鉴！

我们青年学生要继承礼乐传统，一定要好学上进。礼乐教人上进的最低标准是有别于禽兽。《礼记·曲礼》说："是故圣人作，为礼以教人。使人以有礼，知自别于禽兽。"所以，不受礼乐教化的人，谓之"衣冠禽兽"。这是"进"的最起码要求。"进"的最高目标是什么？是实现"大同"社会理想。《礼记·礼运》篇描绘了这个理想："大道之行也，天下为公。选贤与能，讲信修睦。故人不独亲其亲，不独子其子。使老有所终，壮有所用，幼有所长，矜、寡、孤、独、废、疾者皆有所养。男有分，女有归。货恶其弃于地也，不必藏于己。力恶其不出于身也，不必为己。是故谋闭而不兴，盗窃乱贼而不作，故外户而不闭，是谓大同。"这个天下为公的大同理想，鼓舞了我们中国人几千年，一直是有志之士终身奋斗的目标。周公制礼作乐，孔子授徒兴教，都是为了这个理想，他们都希望造就千万君子，来实现这个理想社会。梁启超当年到清华演讲，鼓励清华学子要做君子，并再三叮嘱要"自强不息，厚德载物"，就是希望大家不断上进。所以，怀抱理想，不断进步，从古到今都是修身的不变宗旨。

传统礼乐文化内容可谓博大精深，古往今来也有无数修身楷模，这里仅仅谈了我的一点浅薄认识。对这个题目，可能有人还有疑问，礼乐之教今天真需要吗？我想说的是：确有必要，礼仪形式未必适用，但精神原则完全应该继承。其实，礼乐文化是多少人多少代智慧的结晶，古人的思想可并不是僵死的，《礼记·礼器》上早说过："礼，时为大。"礼是要与时代同步的。怎么同步？荀子说："礼以顺人心为本，故亡于礼经而顺于人心者皆礼也。"（《荀子·大略》）礼是要随时代而不断进步的，顺乎人心、合乎时代道德要求的，就是新的"礼"。

正是本着这种精神，广西柳州一所中学开展了"人文素养培养"的课题实验，总结归纳出了"中学生修身四句箴言"：朝气蓬勃地生活，意趣盎然地学习，真诚有持地做人，热情友善地处世。这也是礼乐教化的具体运用。希望同学们听了今天的课之后，更明白修身的意义，更自觉地、更有意识地领会这四句箴言，也希望所有的学校乃至单位、机关、社区诗礼相传，君子辈出。

思 考 与 探 讨

1.有的学校每年为高三年级的同学举办"成人礼"，你觉得其意义何在？

2.结合"中学生修身箴言"和"敬、静、净、进"的目标原则，谈谈自己的体会。

人之所需即为儒

——浅说儒家

　　中华传统思想文化中向来以"儒、释、道"并称，从影响的范围和长久来说，大体上是不错的。国学家南怀瑾先生有一个比方，说道家有如药店，平时不大光顾，但一旦生病是会找上门去的；佛家有如百货店，随时可以进去逛逛，买不买也随意；儒家有如粮店，那是人一定要进的，因为一旦断粮就会有性命之虞。此话确有道理，也符合中国历史的实际。儒家学说就是中国人的主要精神食粮，一直滋养着中华民族。

　　儒，是古代一种职业身份，是主持礼仪祭祀或传授诗书的人。周室衰败后，那些知晓周礼的王官就沦落了，成了儒士的主要构成来源，他们是一些在贵族圈子里活动但没有或丧失了贵族身份的人。他们都很有学问，因为有学问，凡事都少不得由他们来分析解释，出主意或代理操办。"儒"字见于典籍，最早的还是《论语·雍也》，孔子教导子夏："女为君子儒，勿为小人儒。"这说明儒确实是一种职业身份，但同为儒士，德行还是有高下之分的。《礼记》中就专门有一章《儒行》，讲的是儒士的行为规范，规定了儒士应具有的种种德行。可见儒从职业需要来说，就是比较多地懂得知识道理，而且也讲求自身修养的人。那么，从什么时候开始，儒士的德行变得丰厚起来，儒学变为一种含融政治理想、行为准则和伦理教化的思想学说，变成了中华民族最主要的精神食粮了呢？这得归功于一个伟大的人物——孔子。

"天不生仲尼，万古长如夜"，这是后世人的慨叹。孔子究竟是怎样一个人呢？孔子名丘，字仲尼，春秋时鲁国人。生于公元前551年，死于公元前479年。孔子的祖上是宋国的贵族，追溯起来是商代名臣微子族裔。孔子曾祖那一辈，避宋乱来到鲁国。鲁国是周室的封国，保存着比较多周王朝的典章制度。所以，孔子一出生就受到商、周两种文化交合的影响。孔家后来家道中落，父亲叔梁纥只是个邑宰的小官，以勇力闻名。孔父近老年时娶颜氏女而生孔子，三岁时，父亲就去世了。所以孔子小时候是颇为穷苦的，他说"吾少也贱，故多能鄙事"（《论语·子罕》）。15岁时，母亲也去世了，孔子于是自食其力，独撑门户。他放过牛，干过农活，做过仓库保管员，做过会计，大概也做过给人家办丧事的司仪或吹鼓手。这使他有了社会底层的生活体验。

孔子是个天资聪颖的人，但他更是一个善于学习的人。"吾十有五而志于学"（《论语·为政》），母亲去世，他成了孤儿，反倒更激起他自学成才的愿望。他向每一个有长处的人学习，"三人行，必有我师焉"（《论语·述而》）。古书记载孔子请教过的有苌弘、师襄、郯子、老聃四人。孔子分别向他们求教乐、琴、史、礼方面的学问。孔子随时随地学习，"入太庙，每事问"（《论语·乡党》）。孔子自己总结说："我非生而知之者，好古，敏以求之者也。"（《论语·述而》）由于勤奋好学，孔子在还很年轻的时候就成了闻名乡里的学问家，时人称"大哉孔子！博学而无所成名"。赞叹孔子的学问博大精深，不

孔子

能以某一方面的专长来评说他。孔子颇为幽默，听到后说"吾何执？执御乎？执射乎？吾执御矣"（《论语·子罕》）。意思是说，我该擅长什么好呢？擅长驾车好呢？还是擅长射箭好呢？我还是选驾车吧。

孔子为什么选择擅长驾车呢？驾车就是掌控方向，走正道，勿使倾覆。孔子生于春秋末期"礼崩乐坏"的乱世，他的理想就是把持住社会的前进方向，不要让这个世道沦落败坏下去。

孔子无疑是个理想主义者，怀揣这个理想，他至少做了两件前人所没有做过的大事业。第一件，他把有史以来的中华文化做了一个大整理，上至三皇五帝，下至文武周公，一切中国古代进步文化，在孔子那里集大成。孔子删《诗》《书》，定《礼》《乐》，赞《易传》，作《春秋》。将散乱杂佚的古代文化典籍根据一定的是非标准收集、筛选、整理、诠释出来，使之成为流传千古的

经典，使中华数千年的民族智慧得以传承和发扬光大。孔子是古代文化最伟大的继承者，成了中华文化最具标志性的人物。遍布全国的文庙（即孔庙），主殿叫"大成殿"，高悬一匾，上书"斯文在兹"。意思是，文化何在？就在这里！孔子就代表着文化。

第二件，他打破了只能由官府主办教育的规矩，把学校教育搬到了民间。孔子大概在不到三十岁的时候就开始办私学，收授学生。此后毕生坚持，相传有弟子三千，贤人七十二。学生除来自鲁国以外，还来自齐、楚、卫、晋、秦、陈、吴、宋等国。年纪有只比他小几岁的，也有小他四十多岁的，也有父子两代都投在他门下的。孔子让平民百姓接受教育，这是一件破天荒的、意义非凡的创举，他结束了统治者对知识的垄断，让平民享有受教育的权利，使中华文明的发展获得了广泛深厚的基础。孔子在教学实践中最早建立起了完整的教育体系，包括教育内容和教育法则。许多教育主张至今仍是我们教育的金科玉律。所以，孔子被尊为"万世师表"。过去的书塾里，中堂一定挂孔子画像，如今许多院校里都立有孔子雕像，柳州一所中学还树起了一组孔子教学情景雕塑《侍坐》，这些都寄托着对这位伟大先师的尊敬。站在这组雕塑前，我们能感受到很多东西。

一个人，如果做好了上述两件事中的任何一件，他就是一个伟大的人，一个不朽的人，而孔子两件事都做得非常出色。不仅如此，孔子还一直不懈地做着第三件事：干政。其实，在孔子那里这是第一件想做的事，只不过机缘条件不具备，只能转而将精力做另外的两件事罢了。孔子所处的时代是一个历史发生巨变的动荡时代，社会失衡，秩序颠覆，战事频繁，民生涂炭。孔子一直是以复兴周礼为己任的，"文王既殁，文不在兹乎?"（《论语·子罕》）时人也是寄希望于他的，"天将以夫子为木铎"（《论语·八佾》）。孔子更是很愿意用行政实践来推行他的主张，他自己曾坦白地说"我待贾者也"（《论语·子罕》），还不时感叹"吾岂匏瓜也哉? 焉能系而不食?"（《论语·阳货》）所以他"栖栖惶惶"，总想把握执政的机遇。他断断续续在鲁国、卫国当过官，在鲁国做过大司寇，刚做出点成效，便引起邻国的担心，使了手腕让鲁国国君耽于淫逸，孔子只好失望出走。孔子带着他的学生四处奔走，周游列国，前后奔波了十四年，其间备尝艰苦，屡陷险境。被围于匡，绝粮于陈、蔡，受排挤于齐，遭讥讽于楚。遗憾的是始终得不到重用，让孔子"惶惶如丧家之犬"。而孔子的态度则始终是"知其不可而为之"（《论语·宪问》），竭尽主观努力。孔子的干政抱负历经磨难而终无所施，但正是在这个过程中，充分展现了他的崇高理想和高尚品质，成就了一个至真至诚的圣人品格。孔子四处碰壁，大道不行，"丧家犬"之境遇，实乃历史的悲剧，陷于此境而矢志不渝者，我们后人只能仰视!

　　是什么动力在驱使孔子这样不遗余力地去做三件大事，直至生命将终抱恨而去呢? 是理想! 孔子是中国古代社会有大学问、大智慧、大抱负的人，他的理想是什么呢? 我们在《侍坐》一章中可以间接了解孔子的理想，他对曾晳的理想十分赞同，曾晳说的是"暮春者，春服既成，冠者五六人，童子六七人，浴乎沂，风乎舞雩，咏而归"（《论语·先进》）。这是一幅幸福祥和的太平画面，是一种衣食丰足而礼乐兴隆的文明场景。孔子还直接谈到过他的志向："老者安之，朋友信之，少者怀之。"（《论语·公冶长》)孔子的理想,是让一切人过上美好生活的大同世界。这个世界,《礼记·礼运》篇中记载了孔子的描绘:"大道之行也,天下为公……"

为实现这个理想,孔子提出了什么样的主张呢?他的主张可以浓缩成一个字,那就是"仁"。民要有仁心,国要施仁政。这个"仁"字,是"亻"旁加一个"二",即是两个人。孔子认为人类社会的一切问题都是人与人之间的关系问题,把人与人的关系问题解决了,社会就安定祥和了。夫妇关系是人间关系的最基本关系,推而广之,则有父母子女关系、兄弟姊妹关系、君臣关系、朋友关系、男女关系,五伦尽在其中。孔子在许多场合都宣讲过"仁"的内涵,比如,他说过"仁者人也",又说"仁者爱人"。这意思就是,仁和人是同一所指的,不过,单一的人,不能确定是否是仁人,必须有第二个人在,才能表现出来。"仁"指的是人际关系,而这种关系最核心最基础的东西就是爱。

孔子向许多学生进一步解释过这种爱的表现:颜渊问仁,孔子说"克己复礼为仁"(《论语·颜渊》);仲弓问仁,孔子说"己所不欲,勿施于人"(《论语·颜渊》);司马牛问仁,孔子说"仁者,其言也讱"(《论语·颜渊》);樊迟问仁,孔子说"居处恭,执事敬,与人忠"(《论语·子路》);子张问仁,孔子说"恭、宽、信、敏、惠"(《论语·阳货》)。这些是孔子因材施教,针对不同学生和不同情况来阐释"什么是仁"。在孔子心目中,仁是一种很高的境界,要达到很不容易。有人问"克、伐、怨、欲不行焉,可以为仁矣?",孔子说"可以为难矣,仁则吾不知也"。(《论语·宪问》)孔子称赞过许多人,包括他的一些学生,但当别人问到他们是不是"仁"的时候，孔子则总是回答"不知也"。他甚至也不敢说自己做到了仁。但是，孔子又并不认为仁是高不可攀、不可企及的，他说"仁远乎哉？我欲仁，斯仁至矣"（《论语·述而》）。只不过要努力地去追求罢了。

那么，怎么去追求"仁"呢？

孔子主张的"仁"，可说是一切德行的总和，是一种发乎心而形于外的情感和行为。所以仁者的修行要求有两个指向，其中，向内对己的要求是"知命"。孔子说"不知命，无以为君子"（《论语·尧曰》）。什么是"命"？"命"就是不能由自己掌控的东西。比如出生，你不能决定自己什么时候出生，出生在什么地方，什么家庭，有什么样的父母，等等。又比如自己的高矮、胖瘦、美丑、妍媸，乃至智商高低等。通过锻炼学习，可以提高改善我们的身体和智力状况，但先天条件是改变不了的。还有我们所处的环境，大的自然环境和时代环境也不由我们掌控，而环境却要影响我们。

孔子认为，人是必须对这些不能掌控的东西有清醒认识的，知道自己处在一个什么位置，这也就是天道运行的规律和趋势。认识到这点就会取一个正确的人生态度：尽人事，听天命。就是说我们尽人力所及去做我们该做的事，既不逆天行事，也不因为有困难有阻碍而放弃，不主观强求某种结果。孔子在周游列国时被围于匡，情势危急，弟子劝其逃走，孔子说："天之将丧斯文也，后死者不得与于斯文也；天之未丧斯文也，匡人其如予何？"（《论语·子罕》）孔子带着弟子们为推行自己的政治理想而四处碰壁，一些隐士都嘲讽他，但他以"知其不可为而为之"的精神，始终没有放弃努力。所以，孔子的"知天命"是一种积极的使命精神，而不是消极不作为的"认命"。这一点要十分清楚，尽人事就能无悔，听天命就能无怨。孔子说他"五十而知天命"，他54岁始周游列国，他是很清楚自己在做什么的，68岁无果而归，但他是无怨无悔的。

第二个指向是向外对人的，要求是要做到"忠恕"。孔子有一次跟曾子说"吾道一以贯之"，曾子表示认同，并进一步向别人解释说："夫子之道，忠恕而已矣。"（《论语·里仁》）什么叫"忠恕"？尽己为忠，推人为恕。尽自己的一切努力，把主观能动性充分发挥出来，就是忠。任何人都可以做到忠，通常说的尽职尽责就是这个意思。各司其职，各尽其责，天下人都做好了本分内的事，那天下也就和谐太平了。恕的意思就是将心比心，推己及人。换句话说就是"己所不欲，勿施于人"。凡事要换位思考，要多从对方的立场来考虑问题，这样就能全面周到地处理事情。这是孔子倡导的一种利他精神，这种精神非常可贵，它完全出自本心，没有任何功利的考虑。它不同于墨家的"兼爱"，是不求回报的。

对人宽恕，那就不会制造矛盾，有了矛盾也容易化解，和谐社会就可以实现。不讲宽恕，一味地以自己的是非为是非，那世界就很难安宁。很多修身养性的人，会在墙上挂一个"忍"字，告诫自己凡事要能容忍。孔子的恕是超越这个认识的，光忍是不行的，会有忍无可忍的时候。孔子的态度是"赞天地之化育"，一切天生地造之物都是自然和谐的一分子，都有它存在的理由和意义，都应该得到尊重和爱护。有了这种认识，你才真正地拥有了利他的愿望，才能真正自觉地与他人和谐相处。

这就是孔子所倡导的仁。由此可知，"仁"与"人"是同一的，就是你我他。但又是有区别的。"人"是自然意义的人，"仁"是理想的人。无仁之人谓之小人，有仁之人谓之君子。一部《论语》基本上就是辨识君子和小人的。孔子强调"民之于仁也，甚于水火。水火，吾见蹈而死者矣，未见蹈仁而死者也"（《论语·卫灵公》）。他谆谆告诫他的学生"汝为君子儒，勿为小人儒"（《论语·雍也》），鼓励他的学生本着"无求生以害仁，有杀生以成仁"（《论语·卫灵公》）的精神，去追求理想人格的实现，为天下归仁的目标不懈努力！

孔子可说是个理想主义者，他为着那"大道之行，天下为公"的社会理想，以毕生精力推行仁的主张。然而，终其一生，他没能看到世风的好转，德政的恢复。公元前479年的一天，孔子长歌一曲"泰山其颓乎？梁木其坏乎？哲人其萎乎？"（《礼记·檀弓上》）寝疾而终。他的未竟之志，由他的弟子们继承发扬了下去。

大家去过文庙，孔子座下还有四位圣人，他们都是儒学的传人：复圣颜子，他是践行仁德的典范，可惜先孔子而去；宗圣曾子，据说《大学》是他所作；述圣子思，孔子之孙，曾子的学生，据说他写了《中庸》；亚圣孟子，是子思的再传弟子，他著有儒家重要经典《孟子》。其中，孟子尤其值得重视。

孟子名轲，山东邹城人。"孟母三迁"的故事在中国家喻户晓，所以孟子受过很好的教育。孔子之后，儒分为八，弟子们都很卖力地宣传儒家思想。但孔子之道传到孟子这里，才算是得到了有力的宏扬，变得更丰富更有活力。孔子之后的百余年，中国社会各种矛盾冲突变得更为剧烈，社会动荡，战乱频仍，人民陷于水火。代表各阶层利益的思想潮流也更为激荡。"杨朱、墨翟之言盈天下"，"邪说诬民，充塞仁义"（《孟子·滕文公下》）。孟子以孔子后继者的自觉责任，奋起雄辩，力倡儒学。他也像孔子一样周游列国，也始终未能真正用世，晚年也同孔子一样在家教学著述。他是孔子精神学说一脉相承的继承者。孟

孟子

子对孔子的学说做了哪些贡献呢？可以用三句话来概括：固基础、顺时代、激活力。

怎么固基础？孟子为孔子的仁德主张找到了人性的依据，使儒学建立的基础更为牢固，这就是孟子的"性善论"。孟子说：人皆有四心，"恻隐之心，仁之端也；羞恶之心，义之端也；辞让之心，礼之端也；是非之心，智之端也"（《孟子·公孙丑上》）。仁义礼智，这是人性所在，是人与禽兽的区别所在。没有这四心，不能称其为人。这四心是人本心固有的，不是原无关联的外来之物，所以，人只要发现自己向善的本心，如火之始燃，泉之始达，"扩而充之"，便足以"保四海"。不能"扩而充之"便"不足以事父母"。我们对人的教育，并不是要改变他，外加给他什么东西，而只是帮他发现或找回埋没或丢失的"四心"，即"求其放心"而已。孟子的"性善论"，让孔子的仁德主张成为天赋人性的自

然要求，具有了无可怀疑的合理性和真实性，同时也极大地增强了实现的可能性和操作性。

什么是顺时代？孔子时代已经"礼坏乐崩"了，而孟子所处的时代更是社会急剧转型的战国时代，非但不是"天下为公"，甚至也不是"天下为家"，而是谁都来争天下，以致生灵涂炭，民生倒悬。这样一个民不聊生的时代，泛泛地讲个人之仁就显得空泛无力了，这时候最应该强调的是当权者的仁，于是孟子提出了"仁政"主张。怎样施仁政？孟子给当权者们大讲"义利之辨"和"王霸之争"。"义""利"概念源出孔子，孔子说"君子喻于义，小人喻于利"。义是出乎仁心的，利他的，君子居于上位，孔子强调君子要"见利思义"；利则是出于私欲的，利己的。小人处下，关注于利是难免的。但战国时期各国的当权者却无不私欲扩张，对内盘剥敲诈，对外恃强凌弱。孟子痛心疾首于这种颠倒，于是高举"义"旗。

最有影响的一场义利之辨是他见梁惠王时发生的。孟子开宗明义地说："王！何必曰利？亦有仁义而已矣。"（《孟子·梁惠王上》）他分析说，如果先利而后义，则争夺是无法止息的。动荡之世，人们时刻面临着利益关系的调整变动，功利的考量几乎无时不在，孟子告诫人们不可见利忘义，实在是切中了时弊。战国时期，各国当权者都想一统天下，穷兵黩武，混战不休。孟子力劝当权者行王道，弃霸道。孟子说："以力假仁者霸，霸必有大国；以德行仁者王，王不待大。汤以七十里，文王以百里。以力服人者，非心服也，力不赡也；以德服人者，中心悦而诚服也。"（《孟子·公孙丑上》）他又说："域民不以封疆之界，

国学与闻

78

固国不以山溪之险，威天下不以兵革之利。得道者多助，失道者寡助。寡助之至，亲戚叛之。多助之至，天下顺之。"（《孟子·公孙丑上》）他断言："不仁而得国者，有之矣；不仁而得天下，未之有也。"（《孟子·尽心下》）

孟子为什么这样大声疾呼要重义轻利弃霸行王呢？这与他的民本思想大有关系。孟子曾痛斥："庖有肥肉，厩有肥马，民有饥色，野有饿莩，此率兽而食人也。"（《孟子·梁惠王上》）他主张要制民之产，"必使仰足以事父母，俯足以畜妻子"（《孟子·梁惠王上》）。他规划"五亩之宅，树之以桑，五十者可以衣帛矣。鸡豚狗彘之畜，无失其时，七十者可以食肉矣。百亩之田，勿夺其时，八口之家可以无饥矣"（《孟子·梁惠王上》）。他呼吁"老吾老，以及人之老；幼吾幼，以及人之幼"（《孟子·梁惠王上》），他要国君"与民同好"《孟子·梁惠王上》。他声言"民为贵，社稷次之，君为轻"（《孟子·尽心下》）。对无道之君，孟子甚至主张可以易君，"贼仁者谓之贼，贼义者谓之残，残贼之人谓之一夫。闻诛一夫纣矣，未闻弑君也"（《孟子·梁惠王下》）。应该说孟子喊出了当时最强的民声！或许，正是孟子的这种民本思想很让当权者不舒服，所以尽管孟子的儒学主张切中了时弊，也拿出了药方，但终究还是不为当权者所用。

让统治者行仁政的路走不通，孟子转而寻求推行儒家仁道的更深广的基础——士民君子。他希望以儒家思想武装士民君子，使他们成为国家的中坚。于是他提出了"养气说"。孟子是一个雄辩之士，说话气势很盛，人问何以能如此，孟子说"我善养吾浩然之气"。他解释说："其为气也至大至刚，以直养而无害，则塞于天地之间。其为气也，配义与道；无是，馁也。是集义所生者，非义袭而取之也。行有不慊于心，则馁矣。"（《孟子·公孙丑上》）孟子这里所说的就是我们所谓的正气、底气。它至大至刚，充塞天地，人有此气便是顶天立地的大丈夫！这种浩然正气是"集义而成"，是始终坚持正义才能养成的，不是偶尔的义举所能获得。所以做人，凡事要无愧于心。坐得正，行得直，就无所畏惧。人之大义，越是在艰难困苦之时越是能够焕发出来，所以孟子还说过："故天将降大任于是人也，必先苦其心志，劳其筋骨，饿其体肤，空乏其身，行拂乱其所为，所以动心忍性，增益其所不能。"（《孟子·告子下》）增益的是什么？就是仁德道义、意志品质。这样的人最终能做到"富贵不能淫，贫贱不能移，威武不能屈"（《孟子·滕文公下》）。在这里，孟子将儒家的诚意正心修身的主张，上升到了一个极其崇高的修炼境界，一种充满社会责任和救世精神的境界。

我们说，儒家是积极用世的，它始终有一个大同的社会理想在召唤着，在这个召唤下，儒家的志士仁人具有崇高的牺牲精神。但它显然不是宗教，而是在现实社会中去追求一种理想人格，儒家是要通过理想人格的塑造去最终实现理想社会。我想，只要这个理想社会还未到来，那么人们就不会放弃对理想人格的追求，这正是儒家学说的生命力所在，是儒家学说成为民族精神食粮的原因所在。事实上，千百年来，在儒家学说精神食粮的哺育下，中华民族涌现了无数的优秀儿女和慷慨志士，他们是我们民族的脊梁！

今天，人类社会正遭遇空前的多方面危机，中国社会也同样面临许多严重的挑战。纵观古今中外的哲学、宗教思想，回过头来，以关注现世人生为最高使命的儒学传统，仍然是今天人类之所需。在伟大的新时代的感召下，相信儒家学说的精髓一定会被更广大的人民群众所接受、所发扬，必定放射出更耀眼的光辉！

思考与探讨

1. 孔子曰"仁"，孟子曰"义"，你怎么理解"孔孟之道"？

2. 当今人类所需是什么？你认为儒学精华具有普遍价值吗？

自然而然即为道

——走近道家

在古代中国的百家思想中，有一家与儒家同样影响深广久远的思想流派，这就是道家。有人说，道家是儒家的反对者，我看不是，道家无为，它不会去反对谁，也无须反对，因为它具有不同的眼界。道家眼界从人世直达宇宙自然，其广阔高远无以复加，正因为如此，道家思想跟儒家和其他各家思想一样，极大增强了中华文化的丰富性，为中华文化带来了强劲活力和永恒魅力。

谁创立了道家？《论语》中有一个故事：孔子让弟子子路去向两个在田间劳作的人问路，结果被那两个人取笑了一番，并且还劝子路说："你与其跟着孔子这样的避人之人，还不如跟着我们这样的避世之人呀！"这话引得孔子好一番感慨。创立道家的，就是这类"避世之人"。换言之，道家是隐士阶层的代表。这个故事也告诉我们，道家思想的出现也应该跟儒家思想差不多同时。现在比较公认的说法，道家的创立者是老聃，老子比孔子大三十来岁，是楚国苦县（今河南鹿邑）人，姓李，名耳，做过周室的守藏史，据说孔子曾向他请教过礼。孔子见过老子之后，用了一个譬喻，说是见了"龙"——所谓神龙见首不见尾。年轻的孔子对老子显然是有些景仰的。司马迁的《史记》里有这样的记载：老子对周室的衰败看不下去，辞官不干了，他西行到了函谷关，被关尹强留了下来，老子不得已，留下《道德经》五千言而去，不知所终。正是这部《道德经》成了道家的传世经典。

老子（明 文征明 绘）

《道德经》是部什么书呢？据说在西方所翻译的中国著作中，《老子》（即《道德经》）居首位，可见这部书受到全世界重视的程度。虽然这部书是相当古奥难懂的，但有价值的东西，再难人们也想了解它。《道德经》由上下两部构成，上部三十七章，开头是"道可道，非常道"，是为道经；下部四十四章，开头是"上德不德，是以有德"，是为德经。上下两部总共八十一章。其主要内容讲些什么呢？概略地说有两大主题：一是老子的宇宙论（包括宇宙生成和运行规律），二是老子的政治主张。

　　宇宙很神秘，今天的人还在试图探究其奥秘，古代中国人很早就思考过，认为林林总总的大千世界最初应该是相当简单的，《尚书》里边提出过"五行"的概念，认为金、木、水、火、土构成一切。再之前呢？那是混沌一片。盘古开天辟地的传说，表达了古人的这种思考。混沌之前呢？好像没人再深究下去，唯有老子深究了，老子的结论是：宇宙的本源是"道"。老子说："有物混成，先天地生。寂兮寥兮，独立不改，周行而不殆，可以为天地母。吾不知其名，字之曰道，强为之名曰大。"（《老子》二十五章）"道"本义是道路，引伸义为引导、领导，可以传达来由的意思；再引伸为规则、定律，可以传达归属的意思。老子认为世界万物皆由道所创生。凡物必定有形有象有限，而道只是它自身，因而无形无象无限。既然无形无象无限，那就不可见不可触不可听，完全感觉不到。道是虚无的。但道既是万物之母，那它又绝不可能只是虚无，一定有它的实在性。所以老子又说："道之为物，惟恍惟惚。惚兮恍兮，其中有象；恍兮惚兮，其中有物；窈兮冥兮，其中有精；其精甚真，其中有信。"（《老子》

二十一章）老子的道就是这样一种既虚无（对人的主观来说）又实在（对客观世界来说）的东西。所以老子说："道可道，非常道；名可名，非常名。"（《老子》一章）这里我们看到老子智慧的卓越，他的深究和体悟，是超越了经验的，是从有形世界突破进入了无形世界的。他找到了世界的本源和归属，即最终的那个"究竟真实"。从这一层面说，老子是真正的思想家，并世无与比肩的哲学家。

体悟出道，老子就可以解释宇宙的生成了。他说："天下万物生于有，有生于无。"（《老子》四十章）更具体一点就是："道生一，一生二，二生三，三生万物。"（《老子》四十二章）这是一个无中生有的过程，一是混沌之气，二是阴阳之气，三是阴阳结合化生的和气。宇宙由虚无一层层变为实有。老子这样一种宇宙生成论要告诉人们什么呢？天道！自然而然的天道。道创生万物是无所用心的，创生之后也是无所束缚的，自然即是宇宙一切万有始终无上的法则。人是世间万有之一，是这一法则所生，也为这一法则而存。所以老子告诉我们："人法地，地法天，天法道，道法自然。"（《老子》二十五章）天道亦即人道，做人，要做一个明白人，就必须明白"道"。另一方面，道既是万物的本源，那么万物对于道来说，就是得到道的依凭，成为道的体现。这种得之于道的东西，就是"德"。人要明道，那就必须首先明德。知晓了万物所得之德，道也就明白了。这就是"道家"的主张。

老子不只探究了道，还探究了道的运化规律。这就是"反者道之动"（《老子》四十章）。"反"的意思，一是相反，二是反复。道不仅是宇宙的本源，而且是宇宙的动力。道所支配的运化，不是直线单向的，而是循环往复、周流不息的。"大曰逝，逝曰远，远曰反。"（《老子》二十五章）道生万物，是从无形到有形，而有形之物最终又会归于无形，它们都在走向自己的对立面。这种情况永远反复流转，世界也就生生不息。这里我们又看到了老子的另一大智慧，那就是他的辩证法。他看到了世界一切事物都是相反相成互相转化的。他不仅发现世间万物充满着矛盾对立，而且他还发现矛盾对立双方会互相转化。这种观点遍布《老子》五千言中，如：大成若缺，大盈若冲，大直若屈，大巧若拙，大辩若讷；信言不美，美言不信；善者不辩，辩者不善；知者不博，博者不知；不争而善胜，不言而善应，不召而自来，坦然而善谋，天网恢恢，疏而不失；天下皆知美之为美，斯恶已；皆知善之为善，斯不善已；故有无相生，难易相成，长短相形，高下相倾，声音相和，前后相随；祸兮福之所倚，福兮祸之所伏；等等。这种辩证观念是老子用以观察世事的利器，使其认识达到人所不及的深邃，也极大地影响了当时和后来的各家思想。

那么，老子研究宇宙生成并且得出如此结论，他的目的究竟是什么呢？其实，老子跟孔子等思想家一样，其最终关注的仍是社会人生，他的宇宙论是为他的人生论和政治论作基础的。他其实是在为一个因剧变而混乱的世界去研究、寻找、确定它的价值源泉和价值标准。所以清末的魏源说，《老子》是一部"救世之书"。他找到了什么答案？他的答案是：道法自然。再具体地说，他主张：

1. 自然无为。"道常无为，而无不为。"（《老子》三十七章）这是道的特质，也是道家最根本的主张。人世也应如此。一切因顺自然本性，自由发展，不加过多的人为干涉，那么一切都会有其应该的合理的结局，最终等于是"无不为"了。老子认为世界之所以如此不堪，就是过度的人为所造成的，"智慧出，有大伪"（《老子》十八章），人自以为聪明，结果弄得很复杂，不可收拾。所以为政者应该"治人事天，莫若啬"（《老子》五十九章），"啬"即省约，没有比省约更好的办法了。老子还说"治大国，若烹小鲜"（《老子》六十章）。"小鲜"即小鱼，煎鱼是不能老是翻炒的，用今天的话来说，就是治国要安静无扰。

2. 柔弱不争。"弱者道之用。"（《老子》四十章）老子打了个很好的比方，"天下莫柔弱于水，而攻坚强者莫之能胜"（《老子》七十八章）。他还举了许多例证："人之生也柔弱，其死也坚强；草木之生也柔脆，其死也枯槁。故坚强者死之徒，柔弱者生之徒。"（《老子》七十六章）柔弱者是不争的，也不必争，它终能胜强，而强必变弱，这是普遍规律。人生也当如此，不要争强好胜，而要"知其雄，守其雌"（《老子》二十八章）；要"为而不争"（《老子》八十一章），"夫惟不争，故无尤"（《老子》第八章），最终是"天下莫能与之争"（《老子》六十六章）。

3. 致虚守静。老子对道的特征做过许多描绘：如"谷""橐籥""冲""无"等，突出了道的虚空。因为虚空，所以寂寥清静，也因此而蕴藏无限生机，才有生生不息之用。做个车轮，只有中间挖出孔，让轴穿过，才有车之用；盖一间屋子，只有中间空的，才有屋之用；做一个陶罐，只有中间空着，才有罐子的作用。并非实有就能体现价值，必须有空虚的配合才能体现价值。人道同于天道，所以人们应该以虚、静为处世原则。"致虚极，守静笃"

（《老子》十六章），内心不做妄想，保持清心寡欲，"不欲以静，天下将自定"（《老子》三十七章）。

在老子眼里，世道因为种种人为而变得混乱不堪，这不是人的自然本性，他主张人要回归于道，即用自然无为来消除心智诈巧，用柔弱不争来削减争斗，用致虚守静来遏制欲望。他认为理想的世界是："小国寡民，使有什伯之器而不用，使民重死而不远徒。虽有舟舆，无所乘之；虽有甲兵，无所陈之；使人复结绳而用之。甘其食，美其服，安其居，乐其俗。邻国相望，鸡狗之声相闻，民至老死不相往来。"（《老子》八十章）老子这种"开倒车"的主张，我们听起来觉得颇为荒诞，但他的真意就是复古吗？他主张人应"复归于婴儿"（《老子》二十八章），人怎能回归于婴儿呢，老子只是希望人像婴儿那样天真质朴，无贪无诈而已。因此，我们可以将这些话理解为激愤之言，以突显那个时代的种种病态及不足，比上古社会尤等而下之。老子在告诫人们反省文明和智巧带来的弊病和昏躁，要求人们归璞返真，其对现世的批判精神是相当深刻的。

这就是老子，道家的创始人。

在老子的整个主张中，我们可以看到有两个关注点：一是百姓（民）个体，二是统治者（圣人）。老子之后，道家的继承者则将道家思想学说分别沿着这两个方向做了不同的延续。关注统治者作为的，突出其在社会政治方面的思考，发展治国役民的南面之术，其代表就是齐国的"稷下学派"，这里不作详说。关注百姓个体的，突出其在个体生存方面的思考，发展为对自我本真及内在精神的保护和追求，其最突出的代表就是庄子。

庄子生活在老子之后二三百年，那是更为战乱不堪的战国时期。庄子名周，宋国蒙人，相传曾做过漆园吏，后辞职不干，隐居田林。庄子学问很大，司马迁说他"其学无所不窥"（《史记·老子韩非列传》）。当然有不少做官的机会，但他是避之唯恐不及，不愿与统治者合

庄子

作。庄子很穷困，经常要赊借度日，但精神上却轻松自在，优游之余，也有所著述。他的著作《庄子》又称《南华经》，是道家的又一主要经典。《庄子》一共三十三篇，分内篇七篇、外篇十五篇、杂篇十一篇。一般认为，内七篇是庄子自己写的，其他是庄门弟子们所著。作为标准的隐士，庄子显然是道家思想的忠实继承者和代言人。如果说，老子因对社会现实很失望而不知所终，但他留下那五千言的《道德经》，则毕竟有许多话是说给统治者（圣人）听的。庄子比老子更甚，他不是失望而是绝望，不仅不愿跟统治者合作，甚至不愿、不屑理会他们。在十余万字的《南华经》里，很少治国理政的东西，多的只是对用世者的批评，尤其多的是对个体生命价值和精神自由的歌颂。如果前面说《老子》是救世之书的话，那么《庄子》则是一部救人之书，救己之书。而这，也正是庄子与老子的不同所在。

庄子的救人救己之道是怎样的呢？我们讲个故事：庄子在濮

水边垂钓，楚王派两位大臣来请他去做宰相，庄子头也不回地拒绝了，说："子亟去，无污我。我宁游戏污渎之中自快，无为有国者所羁，终身不仕，以快吾志焉。"（《史记·老子韩非列传》）从庄子的话中，可见其处世的主张：一是游戏污渎之世；二是不受羁绊，保持心志畅快。注意，他还是处在污渎之中哟，所以，这里主要还是指精神上的追求。我们可以换句很现代很西式的话来说庄子，他是追求精神上的自由平等，而且是彻底的自由平等。怎么做呢？一是以"齐物论"看世间万物，二是以"逍遥游"对一切羁绊。

世界之所以成污渎，全在于人为，是人类的文明异化造成的。文明为什么会异化呢？是人的经验造成的，因为人的经验充满了矛盾性和不确定性。庄子说："梁丽可以冲城，而不可以窒穴，言殊器也；骐骥骅骝一日而驰千里，捕鼠不如狸狌，言殊技也；鸱鸺夜撮蚤，察毫末，昼出瞋目而不见丘山，言殊性也。"（《庄子·秋水》）人们对世间一切事物的属性、功能的认识，都是在相对情况下获得的，因而是相对的，不确定的。庄子又说："吾尝试问乎汝：'民湿寝则腰疾偏死，鳅然乎哉？木处则惴栗恂惧，猨猴然乎哉？三者孰知正处？民食刍豢，麋鹿食荐，蝍蛆甘带，鸱鸦耆鼠，四者孰知正味？猨猵狙以为雌，麋与鹿交，鳅与鱼游。毛嫱丽姬，人之所美也，鱼见之深入，鸟见之高飞，麋鹿见之决骤。四者孰知天下之正色哉？'"（《庄子·齐物论》）显然，不同物种其答案是不一样的，这是不同认知主体造成的认知结论的相对性和不确定性。

庄子还讲了一个养猴人的故事，叫"朝三暮四"。这个故事表明，同一个认知主体，由于主观的诉求不同，其经验认识也是相对的，不确定的。所以，世间万事万物种种差别，都是人的心智所强加的。所谓"彼亦一是非，此亦一是非"（《庄子·齐物论》）；"以物观之，自贵而相贱；以俗观之，贵贱不在己。以差观之，因其所大而大之，则万物莫不大；因其所小而小之，则万物莫不小。"（《庄子·秋水》）因为世间万物的种种区别都是人为强加的，所以都是极不可靠的，也都是毫无意义的。因此，庄子认为，在万物陷入这种经验认知之前，万物其实都是没有区分的，是"万物齐同"的。不仅万物齐同，而且对万物的认识也应该是齐同的。在这里，庄子发扬了老子关于"道"的思考。"以道观之，物无贵贱。"（同上）"古之人，其知有所至矣。恶乎至？有以为未始有物者，至矣，尽矣，不可以加矣！其次以为有物矣，而未始有封也。其次以为有封焉，而未始有是非也。"（《庄子·齐物论》）要像庄子一样悟道，哪怕达不到最高层次，次一等次二等都行。总之是万亿等差，最后是"道通为一"。在道面前，一切经验世界的差别区分，统统都被化去！这就是庄子所要的平等！注意，这是万物的平等，不仅仅是人啊。

再看庄子的逍遥。尧得知许由很贤能，就要让位给许由，许由不干，说，我是为了名吗，还是为了利？鸟要做巢，有个树叉就够了，水獭饮水，喝饱肚子就行了，我不会越俎代庖的。（《庄子·逍遥游》）所以名利是很累人的。有没有干得很轻松的呢？听说有，有个叫肩吾的人，听接舆说，很远的姑射山上有神人，"肌肤若冰雪，淖约如处子，不食五谷，吸风饮露，乘云气，御飞龙，而游乎四海之外"（同上）。最令人诧异的是"其神凝，使物不疵疠而年谷熟"。庄子认为，这样的人是有的，他们"将旁礴万物以为一，世蕲乎乱，孰弊弊焉以天下为事？"（同上）他们的修养境界达到"大浸稽天而不溺，大旱金石流，土山焦而不热"（同上）。哪怕有尘垢秕糠那么一点他们的修养，就可以造就出尧舜那样的人，谁还会为物所累呢？果然，后来尧上了姑射山见了神人，"窅然丧其天下焉"（同上），完全不觉得治理天下的重任在肩。这样的人，其实就是得道之人，只有得道之人才能不为世事所累，才能逍遥。

　　庄子要人们打破两大迷误，一个是所谓"有用"，另一个是"有待"。庄子和惠子分辩过有用无用的问题。惠子说了大葫芦的例子，还说了大树的例子，庄子都一一做了批驳。大葫芦不能做瓢，可以做腰舟，大树不能做器具，可以树之于广漠之野，可以逍遥寝卧其下嘛。怎么知道无用不是有用呢？一般人因为狭隘地理解有用，所以人为地待己待物，又怎么能逍遥呢？而且，一般人不仅想有用，还以为完全具备有用的本事。庄子开篇就讲了著名的鲲鹏、小鸟和蜩、学鸠的故事。确实，如果不从道的高度看，物有大小，寿有长短，本领也有高下。一般世人也是这个认识，"知效一官，行比一乡，德合一君，而征一国者，其自视也亦若此矣"（同上），他们都忙忙碌碌地作为。但是，有个叫宋荣子的却不是这样，"举世誉之而不加劝，举世非之而不加沮"（同上），他对什么是身内身外的关系搞得很清楚，对荣辱完全无视不计较，所以他不急急忙忙地去追求什么。

　　还有一个叫列子的，更轻松适意，他御风而行，一出门就十天半月才回来，他更不急急忙忙地追求什么。庄子对所有这些人，都指出了要命的一点：他们都"有待"，都有所凭借，有所期待。大鹏有待厚积之风而图南，学鸠没那么远大的目标，也是要翱翔蓬蒿之间的。知效一官或征一国的人也都如此，都在因时因地寻找机会证明自己。宋荣子强一点，摆脱荣辱了，但身内身外还有区分。列子算是无牵无绊了，但还是有待于风呀。只要还"有所待"，那就还有羁绊，还有局限，就没法真正地逍遥。那怎么才能做到逍遥呢？只有去掉"有待"。怎么去？既是对待关系，就有他人他物为一方，我自己为另一方。假如只有一方在，对待关系就不存在了，就无所待了。去哪一方？当然是去我自己这一方。所以庄子说"至人无己，神人无功，圣人无名"（同上）。做到这三无，那就完全逍遥了！能不能做到呢？修道之人有希望可以做到，姑射山上的神人就是榜样。

　　以上简单介绍了道家的两个最主要的代表人物。我们可以看出老子所说的道，跟庄子所说的道，虽然都是形而上的最高范畴，但老子论道，是构建他的宇宙论；而庄子论道，则意在打开人们的精神世界。他们都高举"自然"大旗，老子以"无为无不为"观照社会，期望着"民自化""民自正""民自富""民自朴"的"理想国"的实现。庄子则以"无用之用"观照个人，鼓励人们抛弃自我的执着，抛弃功利名誉的羁绊，得到身心的解放而逍遥自在。

　　我想，只要我们的社会和个人还没有达到那样理想的境界，道家就是永远需要的。

　　最后，简略地谈一下今天我们学习了解道家的意义，至少有以下几点：

1. 道家思想是中国古代传统文化中极富活力的一部分。就其本身来说，流播两千余年，影响了无数人，广泛深刻地浸透到了中华民族的民族性格中。它直接影响了后世道教的出现，也极大地影响了后来的儒家，在佛教中土化的过程中也发挥了重要作用。在当今世界，道家思想是中国传统文化与西方文化的交汇热点，其形而上学的思辨成果最容易让东西方找到共同的话语。而道家对文明异化的抨击，也正是今天世界面临的一个紧迫的现实问题，道家观点可为今人做指引。

2. 道家思想对人们的精神生活发挥重大的平衡作用。无论过去、现在、将来，社会现实中的际遇总是给人们在带来一些压力，道家思想为人们的心灵打开了一片宁静天地，让人能超越现实困境，获得心灵抚慰。

3. 道家思想具有突出的文化功能。道家（特别是庄子）对精神世界的重视，使其对文学艺术等精神产品的创造具有非凡的启发和推动作用。它是中国美学的一个源头，也是中国文学艺术的重要源泉。

4. 道家对个体生命的尊重及对人生自由的向往，形成了"重生"的观念，由此产生的许多养生保健的方式方法对后世的健康生活无疑有积极的影响。

思 考 与 探 讨

1. 道家与儒家都是中华民族精神的源头，它们最大的区别在哪里？

2.《庄子》中有许多地方涉及孔子及其弟子，试体会一下道家对儒家的态度是怎样的。

天理昭昭在人心

—— 聊聊『理学』

一、什么叫"理学"

"有理走遍天下，无理寸步难行"，在当今世界，中国人是最讲理的。试列举一下生活中包含"理"字的常用语：理直气壮、知书达理、理所当然、不可理喻、岂有此理、理论、理解、理亏……看来一个有理的世界是美好的，一个无理的世界就糟糕透了。为什么中国人特别讲理呢？因为中国人最懂"道理"。大家可能不信，且听我讲讲。

"道可道，非常道"，谁说的？老子。这个"道"讲了两千多年了。两千多年前的春秋战国时期，是中国历史上一个思想巨人辈出的时期，也是中国古代哲学发展的黄金时期。不过，这个"道"比较高深，直到一千四百多年后的宋明时期，有人对"道"作了深入的阐述，建立了"理学"，这"道"就变得好理解了。

宋明时期，是中国历史上又一个思想极为活跃的时期，学派林立，大家频出。比如，学派有濂学、关学、洛学、闽学、陆学等，著名思想家有周敦颐、张载、程颢、程颐、朱熹、陆象山、王阳明等。他们都祖述尧舜禹汤文武周公以至孔孟，以继承阐发儒学道统为己任，所以又称为"道学"，或被称为"新儒学"。他们建立起的学术体系，对宇宙原理、法则、规律的认识，可集中概括为一个"理"字，所以称"理学"。理学发展主要在宋明两朝，后人常称之为"宋明理学"。从那时算起，中国人讲"理"也讲了一千年了。

二、理学产生的背景

为什么中国人会在宋明这几百年里思想特别活跃呢？是什么重大的时代课题，催生了这么多的思想巨人呢？这里有一个复杂的历史背景。

儒家学说在汉代经董仲舒"独尊儒术"，成为中国的主流意识形态后，风光了好长时间，到了隋唐以后，这种情况发生了变化。一是随着中外交流的不断扩大，佛教进入了东土，而且很快被本土化，获得了大批信众。南北朝时期，全国寺庙成千上万座，僧尼多达数十万之众。唐代杜牧诗"南朝四百八十寺，多少楼台烟雨中"可作旁证。二是本土宗教道教兴盛。汉代发展出了"太平道"和"五斗米道"，道教与民生颇为相关，在民间很有市场。到了唐代，因为皇帝姓李，对尊奉老子李耳为道祖的道教更有偏好，道教又赢得了上层统治者的支持，一时几成国教。特别需要提及的是，不论道教还是佛教，都有一套相对完整的理论体系，它们都能给人解答"我是谁""我从哪里来""我到哪里去"的人生疑问。相较之下，儒学尽管在汉代取得了经学上的大发展，但终觉缺乏系统性，尤其在宇宙、人生的宏观层面上，没有清晰的主张。所以，原本作为主流意识形态的儒学，在佛、道日兴的形势面前显得越来越没有吸引力，甚至难掩颓势。

面对佛教、道教的挑战，关注现世的儒学不能不有危机感，它需要一场改革复兴。这就是新儒学——理学产生的背景。

三、理学的发展脉络和基本内容

1. 先声。最早的改革在唐代就开始了。韩愈是大家熟悉的，他曾因劝止皇帝迎佛骨而获罪，对佛教的浸染早有戒心。他写过一篇题为《原道》的文章，对倡导仁义道德的儒学自尧舜禹汤文武周公孔子至孟子，孟子之后"不得其传"深表忧虑，他"抵排异端，攘斥佛老"，呼吁后来儒者"明先王之道以道之"，继承好这个道统。

2. 发端。如何继承道统？根本的办法是完善它。首先做出开拓性工作的，是宋代的周敦颐（1017—1073，今湖南道县人）。周敦颐很聪明，他深知欲承继道统，必须找到一个根本的依托，他找到了，那就是《易》。周敦颐写了一篇《太极图说》，只寥寥200来字，却把一个从自然观到人生观的理论框架建立起来了。

且看："无极而太极，太极动而生阳，动极而静，静极生阴，静极复动。一动一静，互为其根；分阴分阳，两极立焉。阳变阴合，而生水火木金土，五气顺布，四时行焉。"他回答了宇宙起源的问题。然后："五行之生也，各一其性也。无极之真，二五之精，妙合而凝。乾道成男，坤道成女，二气交感，化生万物，万物生生而变化无穷焉。"他回答了生命繁衍的问题。再然后，他说："惟人也得其秀而最灵，形既生矣，神发智矣，五性感动而善恶分，万事出矣。圣人定之以中正仁义而主静，立人极焉。"他最后回答了人生观的问题。大家应该知道周敦颐的《爱莲说》，中通外直，出污泥而不染的莲花形象，就是"立人极"人伦规范中的君子样板。

　　与周敦颐同时，也力图对世界本源做出解释的是张载（1020—1077，今陕西眉县人）。张载曾花了许多精力对自然万物做了经年累月的观察，他在云气荡漾的太白山有所领悟，在《正蒙》中写道："凡可状，皆有也；凡有，皆象也；凡象，皆气也。"他认为，世界的本源是"气"，气聚而成物，物散而为气。这个气不论是聚是散都是实在的，称为至实，也就是太极。动静虚实都是气的属性，气的这两相对立的属性可表述为"一物两体"，正因为一而两，两而一，世间万物都成于此。张载把气作为宇宙的最高本体，那么，人与万物一样，都是气聚而来，所以，人跟人之间，人与物之间的关系就应该是平等的，应该是和谐一致的，所以他提出"民胞物与"的主张。张载还对人性善恶做出了解释，他认为，天地生人，便赋予人天地之性，这是人的至善之本。但气有清浊，人受气有偏，故各有不同气质之性，这就形成诸恶之源。所以，人必须自求变化气质之性，返回天地之性，不断提高人生的境界。

3. 奠基。历史在需要思想巨人的时候，就会为他们的出现创造条件。周敦颐在学术上有所建树之后，他的一位朋友将自己的两个儿子送到了他的门下，这两兄弟一个叫程颢（1032—1085），一个叫程颐（1033—1107）。两兄弟聪明好学，周敦颐的学问自然被他们举一反三地学到手了。若干年后，张载到京都开封应试，同时受宰相之邀，在相国寺开讲易学。在这里，张载又遇上了他的表侄——程氏兄弟。这时程氏兄弟已经学有所成，他们在一起互相切磋，热烈地辩论了好多天。后来，张载将象征最高权威的虎皮椅拱手相让，对听讲的人说："比见二程深明易道，吾所不及，汝辈可师之。"这就是"虎皮讲易"的一段佳话。

受张载如此推举的二程兄弟何许人也？他们正是洛学的创立者。有个"程门立雪"的成语，说的是有人为向老师求教，大雪天里在老师家门外长久伫立等候的故事。这位老师就是程家兄弟中的程颐。他们俩究竟有怎样的大学问呢？他俩最大的学术贡献正是"理"。在二程那里，宇宙的本体就是理，或称为天理。天理就是太极，是真实不虚、独立流行的，它贯通万事万物。理是终极至上的，从空间说，它是生化之元，一本万殊，"天下只有一个理"，"万物皆只是一个天理"。从时间说，一切阴阳动静皆生于理，理当必变，所以生生不已。从人事来说，人之心性即为天理。这个天理展现出怎样的属性呢？对于形上形下来说，是诚实；对于事物变易来说，是中庸；对于人事来说，是仁。由此可见，二程创立的理学，还是秉承天人合一的传统，以天理为人心，追求的还是内圣外王的儒家治世理想。

4. 集大成。如果说二程的理学得到了周敦颐和张载的启发而得以建立，那么，还有一个人就是站在了这几位前辈大家的肩膀上，最终完成了理学集大成的工作，这个人就是南宋的朱熹。

朱熹

朱熹（1130—1200，今江西婺源人）出生于"以儒名家"的"著姓"，父亲也是深明理学的。朱熹少时便通晓儒家经典，而且还出佛入老，泛览百家。他18岁中举，19岁中进士，父亲去世后，他又师从父亲的同学李侗，成为二程的四传弟子。朱熹身处内忧外患日益加重的南宋初期，佛教的"弃世"和道教的"避世"给社会带来了消极影响，而儒学的振兴还有待时日，朱熹以其深厚广博的知识积累和强烈的使命感，承担起了这一历史重任。他修撰了丰富的理论典籍，展开了激烈的学术抗辩，广泛持久地教学授徒，终于建立起了一套完整精致的理学体系。这个体系主要包括理气说、心性说、工夫论。

朱熹综合继承了二程和张载的学说，主张太极只是一个理，但理气浑成一体，理不离气，气不离理。气的离合聚散是形成事物形质之体的根源，而气所以离合聚散、如何离合聚散则是理。理在逻辑上先于、超越于万事万物的现象世界。所谓"宇宙之间，一理而已，天得之而为天，地得之而为地，但凡生于天地之间者，又得之以为性……盖此理之流行，无所适而不在"。总之一句话，无论气聚气散有形无形至大至微，都有一个理在，是即为天理，所谓"天理昭昭"。天理之于人，则体现为人心，人之本心，湛然虚明，如镜之空，如衡之平，即是天命之性。但同时，理气一体，人心亦有气质之性，气质之性便有清浊幽明之分，表现出来就是情。心主性情，就性而言，心为"道心"，就情而言，心为"人心"，道心明天理，人心表人欲。朱熹要教给人们的就是：存天理，灭人欲。朱熹认为，心统性情，但因为性有所蔽，情有所滥，所以必须通过修养才能让天理流行，让本心朗照，从而让自身生命从幽暗的滥欲中超拔出来，进入纯粹的理性世界。

他还特别指出了三条修养的功夫：一条是居敬立己；另一条是格物致知；第三条是知行并重。敬有真诚敬畏的意思，时常收敛此心不令放纵，心性光明纯洁，则人心人性发挥朗照，"久之自然刚健有力"。人的认识光有内心的观照是不够的，还必须在与客观世界的接触中获得真理，所以，人们对客观世界的每事每物都要研究体认，不仅要知事物诸现象，还要穷究事物之理，知其然且知其所以然。"格"是寻根究底的意思，这个最后的根底就是天理。明白了道理之后，再进一步就是改造自身，要付诸实践。这时候，知行不可偏废，"论先后当以致知为先，论轻重当以力行为重"，"知之愈明则行之愈笃，行之愈笃则知之益明"。若能推广实行这样的道理，自然君子辈出，圣贤再世，何愁儒家道统不能恢复。

5.新萌芽。前面说过，宋明时期的学术思想非常活跃，各种学派主张在砥砺交锋中更成熟和完善。朱熹的理学体系也是如此，下面是一个"鹅湖之会"的小故事。

公元 1175 年，朱熹与好友吕祖谦在编写理学重要著作《近思录》之余，受吕祖谦之邀到江西上饶的鹅湖寺会见了同为理学大家的陆九龄、陆九渊（1139—1193，今江西抚州人）兄弟，他们在一起待了三天，也辩论了三天。其间，陆氏兄弟曾作诗表达了他们的观点："孩提知爱长知钦，古圣相传只此心。大抵有基方筑室，未闻无址忽成岑。留情传注翻蓁塞，著意精微转陆沉。珍重友朋相切琢，须知至乐在于今。""墟墓兴衰宗庙钦，斯人千古不磨心。涓流积至沧溟水，拳石崇成泰华岑。易简工夫终久大，支离事业竟浮沉。欲知自下升高处，真伪先须辨只今。"二陆的诗是强调心的先天本体地位，主张要先发明本心，先"尊德性"，然后才能博览。他们认为朱熹的格物是繁琐支离的。三年之后，朱熹仍旧对陆氏一味只讲明心，实为太过简单化耿耿于怀，忍不住还是写了一首和诗："德业风流夙所钦，别离三载更关心。偶扶藜杖出寒谷，又枉篮舆度远岑。旧学商量加邃密，新知培养转深沉。只愁说到无言处，不信人间有古今。"意思是说陆氏以心为理，有近于禅，是抹杀了学习往圣开智悟道的功夫。他认为人若要知书达理，"道问学"才是必由之路。

6. 再发展。这个小故事，让我们看到了理学确实已成当时知识界的共识，不过在理与气、理与心的关系上，因各有所倚重而形成理学、气学、心学等不同的学术派别。到了明代，陆九渊兄弟所主张的心学，却得到了一个人的大力宏扬，这个人叫王守仁（1472—1529，今浙江余姚人）。王守仁是个传奇人物，他既讲学授徒，又驰骋疆场，既早通仕途，又陷狱遭贬，还几番出生入死。他从小立下成圣贤之志，多次实践朱子格物之法，以求达理，却未能如愿，且以大病收场。35 岁那年，他被贬到贵州龙场为驿丞，且身处被政治仇敌追杀的险境中，一夜他备棺静坐，忽然大悟："始知圣人之道，吾性自足，向之求理于事物者误也。"王守仁由此提出"心即理"的观点，主张"此心无私欲之蔽，即是天理，无须外面再添一分，以此纯乎天理之心，发之事父，便是孝，发之事君，便是忠，发之交友治民，便是信与仁"。

王阳明

　　由于王守仁认为心即是理，所以天理即心之意志，这意志向内的自觉就是知，向外的发动就是行，于是他又提出了"知行合一"的主张，还细致地分出了"生知安行""学知利行""困知勉行"三个层次，鼓励众人致力于道德实践。晚年的王守仁更提出了"致良知"的主张，所谓良知就是"随时随地知是知非"的至善之性。"致"是一种自觉自力行的功夫，就是要除去私蔽，将发于良知的是非好恶推致于事事物物之间。这"致良知"三字，便成了王守仁心学的最后总结。

四、理学的历史地位

理学多种派别的存在，正反映了理学的不断发展和盛行。宋以后八百年里，中国思想界一直是理学为主流。集理学之大成的朱熹，不仅在思想体系的构建上做到了"致广大而尽精微"，还在文献典籍上做了扎实细致的工作，他将《大学》《中庸》从《礼记》中抽出来，与《论语》《孟子》合为"四书"，并逐章逐句做了大量注释工作，使之成为儒家最高的经典，居于"五经"之上，以此立起中国读书人的精神支柱。这种空前完备的知识体系和信仰体系的结合，使儒学在新的历史条件下发展到了一个前所未有的新高度。

由上可知，宋明理学是儒学的一种历史表态，是对隋唐以来逐渐走向没落的儒学的一种强有力的复兴。宋明理学，是当时中国有抱负有思想的学术群体，对现实社会问题以及外来佛教和本土道教文化挑战的一种积极回应，他们在消化吸收佛道二教思想的基础上，对佛道二教展开了一种与孟子"辟杨墨"相类似的所谓"辟佛老"的文化攻势，力求解决汉末以来极为严重的信仰危机和道德危机。宋明理学作为思考和解决现实社会与文化问题的哲学智慧，深深影响了中国古代社会后半期的社会发展和文明走势：在时间上，这场儒学运动持续到明清之际，影响直至当代；在空间上，这场儒学运动不限于儒学的故乡，还牵涉到受儒学影响的东亚诸国，以至于在这些国家，所承袭的儒学主要就是理学。

五、理学的影响

那么，宋明理学究竟给当世及后世带来了什么影响呢？

其一，信仰重建，社会发展。宋明理学将汉唐以来知识分子专心于五经注疏的传统，引导扭转到以讲求四书义理，践行身心性命修养的传统上来，提振了孔孟之道，并通过书院讲学和自由学术交流，使精英文化走向世俗化。宋明理学以积极用世的精神匡正了佛道避世厌世的消极影响。它的"立人极"的核心宗旨起到了维系世道人心的效用，它以前所未有的深度哲学思考建立起完备理学体系，开创了超长时空的文化现象，成为东亚文明的代表。放眼前后数百年的世界，堪与朱熹、王阳明比肩的思想巨人也寥寥无几。重振儒学道统的宋明理学作为上层建筑必定会对社会经济的发展产生积极作用，宋有王安石变法，明有张居正新政，士人关注社会民生，思想崇理务实，宋代多有科技发明，明代商业贸易勃兴，社会发展达到前所未有的高水平，这些不能说与意识形态的进步无关。

其二，理性精神，智慧人生。理学家讨论了理与气、道与器、理一分殊、形上形下、体与用、性与命、心与性、天命之性与气质之性、已发未发、天理人欲、格物与致知、知与行、涵养与省察等等广泛的宇宙人生问题，建立起了完备的宇宙论、认识论、方法论和人生观的思想宝库，为人生解惑释疑提供了有力的思想武器。比如人性善恶的问题，争论了两千年，理学给出了较完备的答案。还有人欲与节制问题、格物致知、知行合一等等，都对后人有很好的启发。理学后继者的探求方向，实为近代思想启蒙准备了条件。如黄宗羲、方以智、王夫之等在明亡之后都对理学进行了反省和总结，其影响甚至直达清末民初的一批新儒士，此是后话。

其三，人格修炼，正气长存。理学家们将道德提升至本体地位，重建人的价值体系。他们追求"孔颜乐处"的最高境界，树立"为天地立心，为生民立命，为往圣继绝学，为万世开太平"的崇高目标，以"存天理，灭人欲"的勇敢意志，提倡气节操守，道德自律，空前地树立起庄严伟大的人格标准，成为中华民族个性的传统基因。以高吟《正气歌》的文天祥为代表的无数英雄人物和道德楷模，就是沐浴着理学的光辉而成长的。宋明时期，君子满朝，他们是外患日促、昏君迭出的不利历史条件下保持社会繁荣发展的中坚力量。这种闪耀理性光辉的"修齐治平"的"圣贤之志"，在当今世界，仍具有宝贵的意义。

六、理学的消极作用

理学作为继承儒学道统的学术思想是带着理想色彩的。理学家讲的"天理"主要是对在上位者说的，欲以"天理"来约束"皇权"。所以它最初并不受统治者的欢迎，曾被视为"伪学"遭到禁止，朱熹也被宋宁宗逐出朝廷，门徒59人被打成"逆党"。

但是，统治阶级很快发现，理学的这一套东西是可以有效掌控人心的，稍做曲解就可以为我所用。比如，理学的道统观念，统治阶级就将它与治统混为一谈，很方便地就被利用来为维护封建统治服务。理学建立在宇宙论基础上的伦理学，被极端化为"三纲五常"，成了维持封建社会等级秩序的最好借口；理学"存天理，灭人欲"的自律要求，被恶意歪曲，成了压制人民、摧残弱者的利器。过度地自我束缚和依附科举仕途，让大批知识分子日趋保守、耽于空谈、迂腐、狭隘……如此等等，封建统治阶级将理学接过来加以政治化，而且越是在统治发生动摇或受到威胁的时候，越是利用得充分彻底。因此，理学在政治上发挥现实作用时，尤其到了封建社会末期，其消极和负面的影响也是十分恶劣的，其对人们思想的禁锢、对社会进步的阻碍是十分严重的。

有道是"秀才遇着兵，有理讲不清"，理学在民族性格中留下保守、拘谨、自卑的弱点，当西方列强抱着殖民野心大肆侵犯的时候，老大的中华帝国立即陷入有理难申、羞辱不断的境地。理学这种对历史的反动和消极作用，在清朝已经被有识之士所警觉，学者颜元、戴震就曾斥之为"以理杀人"。而后，中国近现代的历次思想运动和革命运动，对理学的消极影响进行了彻底批判，理学的历史使命终告结束。

思 考 与 探 讨

1. 欣赏朱熹哲理诗《观书有感（二首）》。

2. 朱熹的"存天理，灭人欲"很受一些人的诟病，他的真意是怎样的？对当今社会有警醒作用吗？

天人相应，透悟人生
——中华医学与『黄帝内经』

　　前面给大家介绍过《易》，我们知道《易》是先民在对自然及社会深刻认识的基础上构建出来的一种符号系统，它"弥纶天地"，是大道之源。因而，中华文明的各方面发展莫不在易道的引领之下，其中，中华医学是最典型的代表，所谓"医易汇通"就是这个意思。今天，我们来领略一下灿烂的中华医学。

一、中医——几千年来中华民族健康的保护神

　　《韩非子》和《史记》里都记载过一个"扁鹊见桓公"的故事：扁鹊姓秦，名越人，春秋战国时期渤海郡（今河北任丘）人，是当时名医。他游历蔡国时，见到蔡桓公（《史记》为齐桓侯），扁鹊对桓公说"君有疾在腠理，不治将恐深"。桓公以为扁鹊是

"医之好治不病以为功"，不以为然。过了十天，扁鹊再见到桓公，又说"君病在肌肤，不治将益深"。桓公不听。又十日，扁鹊又见桓公，再一次说"君之病在肠胃，不治将益深"。桓公依旧不听，而且很不高兴。再过了十日，扁鹊见到桓公掉头就走，桓公觉得奇怪，派人追问。扁鹊说："病在腠理，汤熨之所及也；在肌肤，针石之所及也；在肠胃，火齐之所及也；在骨髓，司命之所属，无奈何也。今在骨髓，臣是以无请也。"以后五天，桓公果然病发，派人急寻扁鹊，扁鹊早已逃避到秦国去了，桓公于是不治而亡。这个故事，表明数千年前中华医术已相当高明。

再讲一个故事。汉代名医张仲景与青年才俊王粲（建安七子之一）相识，他观察王粲后，对王说，你有病在身，四十岁后会眉发脱落，危及生命，并给王开了"五石汤"的处方药。王粲觉得自己毫无病状，没加理会。隔日张仲景问他药吃了没，他诓言说吃了。后来，王粲到四十岁时果然眉发脱落，不过多久就去世了。张仲景是医学宝典《伤寒杂病论》的作者，被后世称为"医圣"。

以上两个故事都是"预言"，那中医对疾病的治疗究竟效果如何呢？再说一个例证吧：在高明的中医诊室里，常见有病家赠送的锦旗，写着"杏林圣手"之类的话，这"杏林"是怎么回事呢？原来三国时期有位名医叫董奉，是福建闽侯人，医术极高，与华佗、张仲景并称"建安三神医"。他在江西庐山给人看病，不论贫富，尤其是对穷人，完全不取酬金，但有一个要求，病治好了，就在诊所后边的山上种杏树，小病好了种一棵，大病好了种五棵。久而久之，这后山的杏树竟有十多万株，可见他治好了多少人的病痛。这以后，大家就以"杏林"来指代医学界了。董奉这一招太高明，不但解了穷人之困，还环保，也锻炼了身体，杏干杏叶还可做药材。这就是中医，几千年来维系着中华民族健康繁衍的中华医学。

直到今天，中医仍然在保护我们的生命健康方面发挥着重大作用。2003年，一场凶险的"非典"突然暴发，迅速从我国南方向全国乃至全球蔓延。对这种相当陌生且传染性又极强的疾病，当时各地医院猝不及防，显得应对乏力。在广州，著名呼吸科专家钟南山所在的医院集中收治了不少患者，但病源不清，诊治方案难定，死亡比例很高，形势十分严峻。后来急邀广东中医药大学附院的国医大师邓铁涛会诊，邓老派了五名中医师作为治疗团队的主力，采用中医中药治疗方案，结果收治71例患者仅1例死亡，其余均康复出院。这场抗击"非典"战斗的胜利，充分证明了中医中药的巨大威力和功效。

2017年3月16日，中央电视台举行"2016寻找最美医生"颁奖大会，皖南医学院弋矶山医院的国医大师李济仁获得殊荣。李济仁大师是名医世家"张一帖"的第十四代传人。这个名医世家因行医用药"准、猛、专""一帖奏效"闻名。早在1965年，著名黄梅戏演员严凤英严重失眠一年多，遍寻良医不治，李济仁三诊即愈。还有一位15岁的少年黄某患"进行性肌营养不良症"，即所谓"渐冻人"，这是一个世界医学难题。李大师诊断为"肝肾两虚型痿症"，经过数次调整用药辅以锻炼，不久即肌肉力量增强，近于常人。类似这样的"渐冻人"，被李大师治愈的不止一个。

中华民族是世界上人口最多的民族，地域环境如此多样化，在漫长的历史中经历过无数战争和灾难，中华民族始终能够繁盛不衰，相信中医是其重要原因之一。从神农尝百草开始，我们的祖先就建立起了一整套完备的医学医药理论体系，创造出了世界上最早的麻醉外科和预防接种等先进诊疗技术，中医是中华文明不可或缺的组成部分。

二、中华医学的神圣宝典——《黄帝内经》

中医传承数千年，名医不计其数，然而他们都尊奉同一部典籍——《黄帝内经》。《黄帝内经》是中华医学的总源头、总法则、总纲要，它是中医学的宝典。

中华医学有"四大经典"：《黄帝内经》《难经》《伤寒杂病论》《本草纲目》。其中《黄帝内经》是现存最早的一部医学典籍，是经典中的经典。《黄帝内经》是战国时期医家的作品，汇编成书于西汉初期。黄帝传说中是中华民族上古时期的一位首领，此书托名黄帝，表明了中华医学发生的久远，也有一种总汇各方、权威发布的意思。

《黄帝内经》包含"素问"和"灵枢"两部分，每部分各有81篇，共有162篇。所谓"内"，是对外而言，人以大道观天地是向外，人以大道观自身是向内。全书以黄帝与岐伯及伯高、俞跗、雷公、桐君、鬼臾区对话的形式，论述了医学的基本理论、原则、方法、技艺等，体系相当完备，内容十分深刻全面，通篇显现出宏大的视野，闪耀出智慧的光芒。

新刊黃帝内經靈樞卷第一

九針十二原第一 _{法天}

黃帝問於歧伯曰余子萬民養百姓而收其租稅余
哀其不給而屬有疾病余欲勿使被毒藥無用砭石
欲以微針通其經脉調其血氣營其逆順出入之會
令可傳於後世必明為之法令終而不滅久而不絕
易用難忘為之經紀異其章別其表裏為之終始令
各有形先立針經願聞其情歧伯答曰臣請推而次
之令有綱紀始於一終於九焉請言其道小針之要
易陳而難入粗守形上守神神乎神客在門未覩其

"素"是"太素"即"太极"，也就是质之始。"素问"可理解作"寻根究底的讨论"。主要是探讨人的生命与宇宙自然的关系，是关于生命科学的探讨。"灵枢"是人体生命运作的形式，探讨针刺经络枢纽治病的技法。《黄帝内经》一经问世即为历代医家行医之本，乃至尊宝典。后世医家研究阐发《黄帝内经》的著述多达四百余部，影响远播海外。《黄帝内经》之宝贵，有一事可证明：印刷术发明之前，传世经典只靠传抄，所以存世有限，《灵枢》就曾一度散佚。宋时，朝廷不惜代价，在高丽国献书时，以《册府元龟》等一大批重要典籍换取《灵枢》，《灵枢》这才得以重新在国内留存。

三、《黄帝内经》的基本内容

中国人的思维倾向于由总体到局部，所以我们中华文化总括性的、全局性的经典常常很早就出现了，《黄帝内经》就是这样的一部经典。《黄帝内经》是整个中华医学的基础，总构架，下面让我们来一窥这部经典中之经典的奥秘。

首先，《黄帝内经》展示了对宇宙生命的深刻认识。医学是为人的生命健康服务的，因此，它必须建立在对人的生命的全面认识和深刻了解上。《黄帝内经》不是孤立地研究人、研究人的生命现象，而是把它放在宇宙自然的大环境中来分析认识。《黄帝内经·生气通天论》中说："自古通天者，生之本，本于阴阳。天地之间，六合之内，其气九州、九窍、五藏、十二节，皆通乎天气。"在《黄帝内经·阴阳应象大论》中也说: "阴阳者,天地之道也,万物之纲纪,变化之父母,生杀之本始,神明之府也。"强调了"天人相应"的根本认识,人的生命活动是与天地自然相统一的,从根本上决定了人的生命状态。在《黄帝内经·四气调神大论》中,论述了春夏秋冬四时更迭的规律,总结出春生、夏长、秋收、冬藏的原则,强调人也必须依顺这个规律正确养生。在《黄帝内经·上古天真论》中,还对人的生命过程做了深入的探索,非常具体地阐述了男女有别的生、长、壮、老的生理变化过程。然后又讲到上古、中古有真人、至人、圣人、贤人,能把握宇宙自然的规律,深晓生命发展的进程,知道顺应天地变化,端正自己的行为,外不逆天道,内不耗形神,他们都能有超长的寿命。《黄帝内经》就是这样运用中国人"天人合一"的宇宙观,奠定了自己独特的医学理论的基石。

其次,《黄帝内经》展示了对人的生命机制的基本认识。人的身体构成及其机能是以一种什么方式存在和运作的呢? 我们的先人在这里将"天人合一"的宇宙观阐述得更为具体。古人认为,宇宙之前的状态为无极,无极生太极,此为质之始。太极生两仪,这两仪就是阴和阳。有了阴阳的互动,然后便有了宇宙万物出现。因此,阴阳是整个宇宙的最本质的体现,是万物存在的必然的状态,也是一切变化的根由。那么,人自然是阴阳的产物,人的一切变化状态也都是阴阳的变化使然。基于此,《黄帝内经》提出,人的生命即是阴阳和合的结果,阴阳均衡,即是正常状态,如果阴阳失去了平衡,那就是不正常的病态。所以中医的宗旨其实非常简单明确:就是调节阴阳。这叫作"治病必求其本"。人的疾病不论多少种，不论怎样难治，其病理只有一个，阴阳失调。"阴胜则阳病，阳胜则阴病。"人体的任何部分都分阴阳，肾有肾阴、肾阳，肝有肝阴、肝阳，心有心阴、心阳，等等。每一部分的阴阳都必须保持平衡，一旦某部位阴阳失衡，那个部位就会出毛病。

总体来说，人就是阴阳的综合体，但是人体的各个部分之间又是一种什么关系，它们是怎样共同演绎出人的生命运动呢？《黄帝内经》告诉我们，这仍然是跟宇宙自然的规则一样。我们的老祖宗认为，世间一切事物都是相互影响、相互制约的，这种相互作用可以概括为五种情况，老祖宗用很形象的东西来表示：金、木、水、火、土，称为"五行"。"行"者，通达之道也，兼具动态、能量、属性之意。人的生命运动主要是五脏六腑的功能作用，脏腑互为表里，脏属阴腑属阳。而五脏的关系是：心属火，肝属木，脾属土，肺属金，肾属水。五行具有相生相克的关系，所以五脏之间也存在这种相互影响。（见图示）

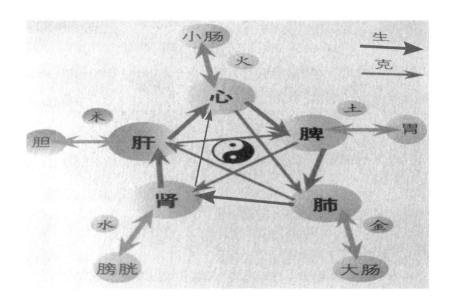

火的属性是炎上，水的属性是润下，木的属性是曲直，金的属性是从革，土的属性是稼穑，五脏在生命运动过程中都发挥着类似的作用。需要指出的是，中医关于脏腑的概念不是单纯解剖学上的概念，它实际上是某种功能系统的称谓。比如说心，中医说的心是藏神的，是管思想和情绪的，汉字里大凡这方面的字都有竖心旁或心字，显然这就包含了脑的功能在内了。

再其次，《黄帝内经》还展示了对人的生命运动的关联途径的认识。中医认为生命运动依赖于气血，气为阳，血为阴，二者相互对立又相互依存，"气主煦之，血主濡之"，气血流布全身，所以人是阴阳和合的结果。那么，气血的流布又是怎样的呢？中医认为气血是循"经络"运行的。"经"，与"径"同义，即气血循行之路径。经脉是经络系统的纵干线。"络"，经之支派者为络，网络，是经脉的大小分支，纵横交错，遍布全身，起到联络脏腑肢节，沟通上下内外，调节全身各部分的作用。经络系统由经脉和络脉组成。其中经脉又有正经和奇经两类。正经有十二条，即手足三阴经和手足三阳经，合称"十二经脉"。奇经有八条：督、任、冲、带、阴维、阳维、阴跷、阳跷。更细微的络脉还有别络、浮络、孙络之分。

经络学说是我国医学理论体系的重要组成部分，是祖先们在长期与疾病斗争中逐步认识并总结发展起来的，对于疾病诊疗具有重大意义，对于生命科学研究也具有重大意义。

我们知道，中医给人诊病讲求"四诊八纲"，并不借助任何仪器，其中最通常的是通过"切脉"来判断病情。大夫将三个手指搭在患者手腕上"寸、关、尺"的部位，从脉搏的深浅、快慢、

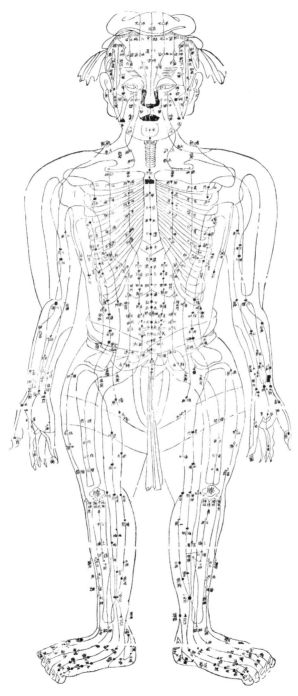

人体经络图

力度、节律等"脉象"来了解病人的身体状况。为什么能做到这一点呢？因为脉象就是气血运行的状态，而气血又是五脏六腑共同运作的结果，因此气血的盛衰变化可以反映出身体脏器的变化。这种似乎很神奇的诊病手段正是建立在中医对生命机制和运行规律的独特认识基础之上的。

最后，《黄帝内经》阐释了对疾病的认识。中医认为人所以会生病，有内外两方面的原因：外因主要有风、寒、暑、湿、燥、火等外邪。外邪袭来，如果人阴平阳秘，营卫之气强大，那就会邪不压正，泰然无碍。如果人不能顺应四时五行的变化，阴阳失调，营卫之气虚弱，那就会有疾病发生了。比如，中医认为"风为百病之首"，《黄帝内经》中说"天有八风，经有五风"，"八风发邪，以为经风，触五脏"，"东风生于春，病在肝，俞在颈项；南风生于夏，病在心，俞在胸胁；西风生于秋，病在肺，俞在肩背；北风生于冬，病在肾，俞在腰股；中央为土，病在脾，俞在脊"（"俞"是气血出入输注的特殊部位）。还有，中医认为"百病生于寒"，比如一切肿瘤癌症，基本都是寒凝气滞、邪毒淤积而成的。至于内因，则是人的情志变化或是行为过当伤及脏腑气血，造成阴阳失调病就来了。喜、怒、悲、忧、恐是正常人都有的情绪，但若失去节制，就会出问题：喜伤心、怒伤肝、悲伤肺、忧伤脾、恐伤肾。再有就是人的行为不检点，过于劳碌，纵欲胡为，或饮食不节等，也会耗散气血而引发疾病。

以上就是中医的疾病观，很明显，中医是着眼于自身来寻找病因的，与西医大为不同。那么，中医究竟是一个怎样的医道体系呢？

四、中华医学的独特医道观

亚里士多德说过："哲学应该从医学开始，医学最终要归于哲学。"如前所言，建立在《黄帝内经》基础上的中医，其医道体系与西医完全不同，具有鲜明的中华文化特色，它与整个中华文化的思维方式是高度一致的。我们可以总结出一句话：从医入道，道以医显。中医让人体小宇宙与世界大宇宙紧密地联系在一起，让我们深切地感受到并理解了"天人合一"的重大哲学命题，让我们由认识生命之道，进而认识社会之道，进而认识天地自然之道、宇宙之道。通过前面的简略介绍，我们可以知晓：

1. 中华医学的生命观是"天道即人道"。所以，人应"因天之序"，珍爱生命，乐享天年，从容面对生死。

2. 中华医学的疾病观是"阴阳失调"。所以，治已病莫如治未病，健康长寿掌握在自己手里。疾病五花八门，但只要阴阳一调百病消。人若做到及时调整，自我完善，那就"无为而治"了。

3. 中华医学的诊治观是"扶正驱邪"。所以，诊断要"望闻问切"，要以整体观之。治病须"辨证施治"，须从个体考量。中医治病不以杀伐为功，只求平衡自强。

中医是医，但中医又何止是医呢！中医之道实乃天地之道，亦是世间之道。古人云"不为良相，即为良医"，作为一位中医师绝不只是诊病而已。旧时中药房前常有一联："但愿世间人无病　宁可架上药生尘"，这是中医人的信条。有三百年历史的"同仁堂"老字号,门前也写着"炮制虽繁必不敢省人工　品味虽贵必不敢减物力",这是第二代传人乐凤鸣老先生留下的叮嘱,是中医人的责任心。

五、中华医学需要发扬光大

中医与西医属于完全不同的体系,中西医的思维方式和思考角度是完全不一样的。在现代科技发展的条件下,西医似乎得到更大的发展空间,在人们日常生活中更受关注。而中医因为传承较为困难,且受近世传统文化被疏离的影响,显得发展不够,甚至还被误解和诟病。尤其是近一百年间,西医控制了话语权,一度有废除中医的说法,如民国时期有过《废除旧医以扫除卫生事业之障碍》的议案,这已不是是非优劣之争,而是欲置之死地了。及至今天,仍然有人搞什么"反中医联盟",不时散布黑中医的言论。好在整个社会的主流认知还是清醒的,毛泽东主席很早就说过"中医药学是个伟大的宝库,应当努力挖掘,加以提高"。中医并未废止,各地都还有中医院和中医学院,中医药的研究也一直没有停止。国家一直在倡导"中西医结合"。

其实,道理非常明白,既然中西医是两种不同的医道,那么在疾病面前,两种手段不比一种手段强吗?两套策略不比一套策略更有胜算吗?事实上,中医的疾病整体观、辨证施治、养生观、经络学、情志调理、治未病重于治已病等等,都是对现代医学发展很有启发的。须知,中医在国内饱受抹黑的时候,在国外却越来越受重视，像日本、韩国都在大力研究中医药，甚至争相注册专利。所以，当今之世，中医亟需发扬光大。

近些年中华医学在全世界的影响越来越大，外国留学生选择在各中医药大学学习的人数越来越多。2015 年，诺贝尔医学奖授给了中国中医科学院中药研究所研究员屠呦呦，表彰她在六七十年代率领医学团队根据中医《肘后备急方》提取出了抗疟特效药"青蒿素"，挽救了千万患者，造福于全人类。这是一个雄辩的例子，证明中华医学大有可为。这些年，屠呦呦团队继续探索，又获得了"青蒿素抗药性研究""青蒿素治疗红斑狼疮研究"等重大成果。2019 年 5 月，第 72 届世界卫生大会审议通过了《国际疾病分类第十一次修订本（ICD-11）》，首次将起源于中医药的传统医学纳入其中。这是世界医药卫生界对中国传统医学的认可，也是中医药走向世界的里程碑。

振兴中华民族，需要振兴中华文化，也需要振兴中华医学。希望后来人多多努力！

思考与探讨

1. 为什么说中医最典型地体现了易学思维？

2. 对中医的攻击常以"不科学"为托词，你有何看法？

第九讲

诗教绵延，性存风雅

—— 歌咏『诗经』

二千五百年前的一天早晨，孔子正站在院子里想事，孔子的儿子孔鲤走了过来，看见父亲在那儿，头一低就想溜过去，却被孔子叫住了。孔子问："学《诗》了吗？"孔鲤说："没有。"孔子说："不学《诗》，无以言。"孔鲤连声喏喏退回去了。这就是"过庭之训"的典故。

孔子为什么这么强调学《诗》呢？不学《诗》怎么就连话都不会说呢？其实，孔子不只对儿子这样要求，对弟子们也是这么要求的，他说："小子何莫学乎《诗》？《诗》，可以兴，可以观，可以群，可以怨。迩之事父，远之事君；多识于鸟兽草木之名。"（《论语·阳货》）孔子道出了学《诗》的重要性：一可以接受艺术熏陶，二可以认识社会，三可以增强修养，四可以考察时政；说得切近点，可以侍奉好父母亲人，说长远点，可以服务国家君王，最起码也能增加许多生活知识嘛。

在孔子的倡导下，学《诗》成了求学者第一件要做的事。"五经"中，《诗》是排在第一位的。由此形成了我国绵延几千年的"诗教"传统。所谓"入其国，其教可知也。其为人也，温柔敦厚，《诗》教也"（《礼记·经解》）。接受了《诗》教的地方，人们的气质都不一样呀！

这里一再说到的《诗》，就是我国第一部诗歌总集《诗经》。它产生于公元前 11 世纪至公元前 6 世纪，汇集了这期间五百余年的诗歌。成书于春秋时期。它是我国现实主义诗歌创作的总源头。下面我们就来了解一下《诗》。

诗是世界各民族最早兴起的一种艺术形式，世界各大古文明都曾产生过自己的著名诗作。如古希腊的荷马史诗《伊利亚特》和《奥德赛》，古印度有《罗摩衍那》……而我们中国则有《诗经》。跟其他民族诗歌不同的是，他们的诗大多是神话叙事诗，或者说是英雄史诗，动辄几万行，用写历史的形式来写诗。而我们的《诗经》则主要是以抒情诗为主，表现现实生活的喜怒哀乐，一般比较短小，是用写诗的形式来展示历史。这种不同一直影响到后世的诗歌沿着不同的艺术路径发展。如果说看荷马史诗有如看一幕大剧，场面恢宏，剧情跌宕，那么读《诗经》则如观一台春晚，琳琅满目，精彩纷呈。为什么有此区别？是因为我们中国人的理解——"诗言志"。情动于中，发而为诗，诗是用来抒发内心不可抑制的情绪的。下面，我们且看《诗经》是如何抒情的。

《诗经》有诗 305 首，分为《风》《雅》《颂》三部分。《风》中有十五国风，共 160 首。《雅》又分为小雅 74 首、大雅 31 首，共 105 首。《颂》有 40 首。《风》是地方音乐，《雅》是朝廷音乐，《颂》

是祭祀音乐。三部分的名称是啥意思？《诗大序》有解释："故正得失、动天地、感鬼神，莫近于诗，先王以是经夫妇、成孝敬、厚人伦、美教化、移风俗……上以风化下，下以风刺上，主文而谲谏，言之者无罪，闻之者足戒，故曰风。"这就是"风"的含义。所以，《风》里面有大量生活场景的展现和喜怒哀乐

《诗经》书影

情绪的宣泄。"雅者，正也。言王政之所由兴废也。"所以，雅诗有许多涉及历史和针砭朝政的东西。"颂者，美盛德之形容，以其成功告于神明者也。"所以，颂诗里常有上层社会生活和明主大业的描绘。下面分别体会一下：

> 关关雎鸠，在河之洲。窈窕淑女，君子好逑。参差荇菜，左右流之。窈窕淑女，寤寐求之。求之不得，寤寐思服，悠哉悠哉，辗转反侧。参差荇菜，左右采之。窈窕淑女，琴瑟友之。参差荇菜，左右芼之。窈窕淑女，钟鼓乐之。（《关雎》）

这是《诗经》开篇第一首诗。表现的是对美好爱情的热烈追求。展现在我们面前的，是一幅极美的画面：清流潺潺，鸥鹭应答，水草柔嫩，佳人美景；是一幅极生动的画面：青年男子一边劳作，

（刘荣 绘）

一边神思不定，想入非非；也是一幅极逗趣的画面：男子夜不成寐，白天绞尽脑汁去取悦心中的女神。全诗有兴有比有叙，一唱三叹，回环婉转，情真意切。人说"爱情是永恒的主题"，《诗经》以此开篇，抓住了人性中最重大的主题，而且表现得如此出色，足见《诗经》的不同凡响。

> 青青子衿，悠悠我心。纵我不往，子宁不嗣音？青青子佩，悠悠我思。纵我不往，子宁不来？挑兮达兮，在城阙兮。
> 一日不见，如三月兮。（《子衿》）

青年男子大胆追求美好爱情，青年女子同样有强烈的渴望。这首《子衿》以第一人称的口吻，唱出了一位陷入热恋中的女子的急切情态。"宁我不往"是一种矜持，"子宁不嗣音""子宁不来"是一种嗔怪，而"一日不见，如三月兮"，则是直接的表白。诗人对女子内心情感的把握是多么的准确，寥寥数语，已让人物神形毕现。

> 桃之夭夭，灼灼其华。之子于归，宜其室家。桃之夭夭，有蕡其实。之子于归，宜其家室。桃之夭夭，其叶蓁蓁，之子于归，宜其家人。（《桃夭》）

这是一首歌咏婚嫁的诗。诗作者以一片绚烂热烈的桃花比喻盛装出嫁的女子，首开以鲜花赞美女子的先河。以桃树开花到结实再到枝繁叶茂，比喻女子出嫁后给家庭带来的巨大幸福和贡献。诗句简约却情感浓烈，强烈地表达了对美满婚姻的追求。

> 蒹葭苍苍，白露为霜。所谓伊人，在水一方。溯洄从之，道阻且长。溯游从之，宛在水中央。蒹葭萋萋，白露未晞。所谓伊人，在水之湄。溯洄从之，道阻且跻。溯游从之，宛

在水中坻。蒹葭采采，白露未已。所谓伊人，在水之涘。溯

洄从之，道阻且右。溯游从之，宛在水中沚。（《蒹葭》）

这首诗是首爱情诗吗？秋水伊人，似乎很像。但仔细品味一下：

时间，秋日清晨，秋阳升起，露水渐干，不是一个确定的时刻；

地点，在江那边，水中央，小岛上，沙洲上，也有些飘忽不定；

人物，伊人是男是女，年方几何？跟诗人什么关系？颇为模糊。

这完全是一首朦胧诗呀！正是在这朦胧意境中，诗的飘逸神韵，

人物的绰约风姿，情感的深幽曲折被渲染到了极致。诗人是一位

美好情感的守望者，"在水一方""秋水伊人"，成为千百年来

人们心中至美的画图，这是一首艺术水准超高的作品！

《诗经》不光有对爱的讴歌，也有恨，同样也很强烈。

坎坎伐檀兮，置之河之干兮，河水清且涟猗。不稼不穑，

胡取禾三百廛兮？不狩不猎，胡瞻尔庭有县貆兮？彼君子兮，

不素餐兮！坎坎伐辐兮，置之河之侧兮，河水清且直猗。不

稼不穑，胡取禾三百亿兮？不狩不猎，胡瞻尔庭有县特兮？

彼君子兮，不素食兮！坎坎伐轮兮，置之河之漘兮，河水清

且沦猗。不稼不穑，胡取禾三百囷兮？不狩不猎，胡瞻尔庭

有县鹑兮？彼君子兮，不素飧兮！（《伐檀》）

这首诗写的是劳动者对统治者的不满，劳动者呼喊出了压抑在胸

中的积愤，强烈地质问，有力地嘲讽，透露出尖锐的阶级矛盾已

经到了随时都可能引爆的程度。

硕鼠硕鼠，无食我黍！三岁贯女，莫我肯顾。誓将去女，

适彼乐土。乐土乐土，爰得我所！硕鼠硕鼠，无食我麦！三

岁贯女，莫我肯德。逝将去女，适彼乐国。乐国乐国，爰得

我直。硕鼠硕鼠，无食我苗！三岁贯女，莫我肯劳。逝将去女，

适彼乐郊。乐郊乐郊，谁之永号！（《硕鼠》）

将剥削者比喻为硕大的老鼠，控诉他们贪得无厌的本性，痛斥其毫无人性地对百姓进行盘剥，在忍无可忍之下，劳动者发出反抗的怒吼：发誓要离开这暗无天日的地方，去寻找没有压迫和剥削的乐土。在这首诗里，我们看到了一种最原始的革命冲动和理想追求。

这就是《诗经·国风》里传达出的爱恨情仇。下面看《小雅》的诗。

呦呦鹿鸣，食野之苹。我有嘉宾，鼓瑟吹笙。吹笙鼓簧，

承筐是将。人之好我，示我周行。呦呦鹿鸣，食野之蒿。我

有嘉宾，德音孔昭。视民不恌，君子是则是效。我有旨酒，

嘉宾式燕以敖。呦呦鹿鸣，食野之芩。我有嘉宾，鼓瑟鼓琴。

鼓瑟鼓琴，和乐且湛。我有旨酒，以燕乐嘉宾之心。（《鹿鸣》）

这是一首宴乐之诗，主人（很有可能是周王）劝酒，以鹿鸣起兴，描绘了盛宴，传达了盛情，表达了感谢，歌颂了团结，让我们看到兴盛时代政治开明的场景。

常棣之华，鄂不韡韡。凡今之人，莫如兄弟。死丧之威，

兄弟孔怀。原隰裒矣，兄弟求矣。脊令在原，兄弟急难。每

有良朋，况也永叹。兄弟阋于墙，外御其务。每有良朋，烝

也无戎。丧乱既平，既安且宁。虽有兄弟，不如友生。傧尔

笾豆，饮酒之饫。兄弟既具，和乐且孺。妻子好合，如鼓瑟

琴。兄弟既翕，和乐且湛。宜尔室家，乐尔妻帑。是究是图，

亶其然乎！（《常棣》）

这仍是一首宴乐之歌，歌颂的是一种超乎寻常的兄弟友爱之情。诗中描述了死亡、急难、御侮情况下兄弟之间的救助深情，而后又慨叹和平时反而兄弟生隙的不幸，最后重申了家庭和睦、兄弟友爱的重要。诗中有赞美，有回忆，有说理，把兄弟友爱的主题表现得十分鲜明感人，以至"常棣"也成了兄弟手足情深的代名词。

下面再看一首《大雅》的诗：

> 文王在上，於昭于天。周虽旧邦，其命维新。有周不显，帝命不时。文王陟降，在帝左右。亹亹文王，令闻不已。陈锡哉周，侯文王孙子。文王孙子，本支百世，凡周之士，不显亦世。世之不显，厥犹翼翼。思皇多士，生此王国。王国克生，维周之桢。济济多士，文王以宁。穆穆文王，於缉熙敬止。假哉天命，有商孙子。商之孙子，其丽不亿。上帝既命，侯于周服。侯服于周，天命靡常。殷士肤敏，祼将于京。厥作祼将，常服黼冔。王之荩臣，无念尔祖。无念尔祖，聿修厥德。永言配命，自求多福。殷之未丧师，克配上帝。宜鉴于殷，骏命不易！命之不易，无遏尔躬。宣昭义问，有虞殷自天。上天之载，无声无臭。仪刑文王，万邦作孚。（《文王》）

这是《大雅》第一首诗，传是周公所作，意在劝导成王和诸大臣从商亡周兴中吸取经验教训。诗中传递出许多的历史信息，这里不多言，只说"周虽旧邦，其命维新"一句。这句话告诉我们，周朝顺从天意，它所要做的就是不断地革新，从而做到生生不息。这是一种非常宝贵的治国理政和修身悟道的思想，直到今天仍对我们有现实的指导作用。

最后看一首《颂》诗：

> 天命玄鸟，降而生商，宅殷土芒芒。古帝命武汤，正域
> 彼四方。方命厥后，奄有九有。商之先后，受命不殆，在武
> 丁孙子。武丁孙子，武王靡不胜。龙旂十乘，大糦是承。邦
> 畿千里，维民所止，肇域彼四海。四海来假，来假祁祁。景
> 员维河，殷受命咸宜，百禄是何。（《玄鸟》）

这是《颂》诗中非常典型的一首，是商朝的颂乐。诗中歌颂了商
朝的开创者汤王和中兴贤王武丁，赞颂他们开疆拓土和安定天下、
和睦四方的丰功伟绩。全诗充满热情和自信，气势宏大，有一种"黄
钟大吕"的感觉。

　　以上就是对《诗经》的简介，我们是不是能感觉到它的博大
和优美呢？它反映的生活画面是那么的广阔，它抒发的情感是那
么的深厚，它的表达方式是那么的多样化，我们似乎可以想见数
千年前人们且歌且舞的情景。现在我们可以理解，为什么孔子说
不学《诗》就不会说话了吧？影响至今的许多优美词句和成语典
故都是从《诗经》中产生的：窈窕淑女、一日三秋、艳若桃花、
秋水伊人、人间乐土、琴瑟和鸣、奉天承运……所以，《诗经》
不愧是我们中华文明的教科书。

　　这么美好的东西怎么产生的？它来自民众，民众是艺术最深
厚的根源，《诗经》是从数百年间的民间创作中收集挑选出来的。
在《左传》等史书里都有相关的记载："遒人以木铎徇于路，官
师相规，工执艺事以谏。"（《左传》）"孟春三月，群居者将散，
行人振木铎徇于路，以采诗，献之太师，比其音律，以闻于天子。"
（《汉书·食货志》）"男女有所怨恨，相从而歌，饥者歌其食，

劳者歌其事。男年六十、女子五十无子者，官衣食之，使之民间求诗，乡移于邑，邑移于国，国以闻于天子。故王者不出牖户，尽知天下所苦，不下堂而知四方。"（何休《公羊传》注）官府有意识地做收集采风工作，这是最主要的来源。其次，也有一些是由有创作才能的士大夫或乐人奉命制作献上的，《雅》《颂》中的诗作多是如此。这就是《诗经》的来历。

《诗经·郑风》中有一首《溱洧》，描述的是上巳节男女踏青出游、歌舞嬉戏的情景。大家知道，我国各地各民族均有自己的歌舞盛会，如广西的少数民族历来有唱山歌的传统，歌仙刘三姐的传说更是家喻户晓。现在每到节假日，常有民间歌手聚集对歌，他们极富生活气息的唱词，脱口而出的急智，很令人叹服。

有生活就会有歌咏，有生活就会有激情迸发，就会有丰富多彩的歌唱。我们生于斯长于斯，感染着诗的气息，享受着歌的熏陶，我们也要培养自己的诗人情怀，提高自己的诗歌涵养，唱出时代的新诗，让诗教传统永远发扬光大！

思 考 与 探 讨

1.试整理一下，你所知的从《诗经》中衍生出来的成语典故。

2.试走访一下民间，看能否收集到一些民歌资料。

史家绝唱，无韵离骚

——认识『史记』

中华民族作为世界上最了解自己历史的民族之一，得益于两大因素：一是使用至今的汉字，让我们能看懂数千年前的文献；二是出了一位历史巨人，写出了一部震古烁今的历史巨著，这就是司马迁和他的《史记》。

一、认识司马迁

司马迁，字子长，西汉夏阳（今陕西韩城）人。公元前145年生于一史官世家。祖上曾是周王朝太史，父亲司马谈为汉朝太史令。因家学渊源，司马迁从小耳濡目染，博学多闻。十岁时随父亲入京，师从当时的大儒董仲舒和古文经学大师孔安国，学习《春秋》和《尚书》，这一切使他具备了非常深厚的文化功底，积累了丰富的历史知识。20岁时，他走出书斋，开始一次万里长途漫游，几乎走遍大半个中国，亲自考察了众多历史名胜和古迹，走访了无数古圣先贤的故里，也饱览了祖国大好河山，激起对这片山河大地的无限热爱。漫游归来，司马迁开始踏上仕途，做了一个平时保卫皇宫，有事陪同皇帝出巡的郎

司马迁

中。这也让他有机会参与许多重大国事活动，增长见识。35岁时，他再度出游，到了祖国西南一带，进一步开阔了眼界。元封元年，汉武帝仿古制率大队人马赴泰山举行封禅大典，父亲司马谈途中病倒，临终前对司马迁嘱托说："我家世代为史官，我久有著作史论的愿望和准备，我死后，你必会继任太史令，一定不要忘了我的遗愿。"三年后，司马迁果然被任命为太史令，司马迁这时正值壮年，便积极着手各方面的准备，孜孜不倦地阅读国家藏书，广泛收集古籍遗文，调查核对传闻轶事，随后便开始著述《太史公书》。

就在司马迁热情高涨地投入《太史公书》创作的时候，一桩飞来横祸降临到了他的头上。天汉二年（前99年），汉武帝派亲戚贰师将军李广利发兵征讨匈奴，将军李陵（飞将军李广之孙）率五千人与匈奴三万人马遭遇，几番血战之后，匈奴又调八万精

兵合围李陵所部。李陵"疲兵再战，一以当千，然犹扶乘创痛，决命争首。死伤积野，余不满百"直至"兵尽矢穷，人无尺铁"（《李陵答苏武书》），在弹尽粮绝、走投无路的情况下，李陵以"虚死不如立节，灭名不如报德"（同上）的考虑最终投降。此事传到汉庭，满朝文武只骂李陵，无人认真评析战事。司马迁挺身而出，为李陵辩解，认为李陵是在绝境之下不得已的权宜做法，定无本心，此役李广利（汉武帝宠妃李夫人之兄）作为主帅，指挥失当，驰援不力，应当承担主要责任。这番言论得罪了汉武帝，司马迁被当作李陵同党而下狱。不久，朝廷调查李陵投敌一事的人，错把一个叫李绪的投敌将军当成了李陵，由此坐实了李陵叛投的罪名。这下，不但李陵被族灭，司马迁也受牵连而被重罚。他被施以"宫刑"，这是一种剥夺人格的奇耻大辱。司马迁蒙此深冤，受此巨辱，真是痛不欲生！可是每当寻死之念冒出的时候，他那不甘不愿的愤激之情又强烈地升起；不能就这样结束自己的生命，这样太不值！他最终明白了一个道理——"人固有一死，或重于泰山，或轻于鸿毛"。他的耳边又响起父亲的嘱托，眼前又出现许多在困厄处境下发奋作为的先辈的身影。他从个人深重的悲愤中走了出来，决定含垢忍辱地活下去。不为偷生，只为要完成冥冥中落在肩头的使命，用更宏大的事业来证明正义的存在！历史将为正义而书写！

　　太始元年（前96年），遭受四年牢狱之灾的司马迁终于出狱，这位经过炼狱煎熬的人，被任命为中书令。从此他"绝宾客之知，忘室家之业，日夜思竭其不肖之才力，务一心营职"，发愤著述，全身心地投入到《太史公书》的创作之中。从受命为太史令算起，前后经过十六年的艰苦努力，征和二年（前91年），《太史公书》终于完成，司马迁用生命完成了肩负的使命。他少年博学，束冠远游，无非是为修史做准备，及至获罪受刑而苟且尘世的唯一理由，就是修史的"私心有所不尽"。他拼尽心血才智，决心"究天人之际，通古今之变，成一家之言"，以求"藏之名山，传之其人，通邑大都"。司马迁终于做到了！这时，司马迁在写给他的朋友任安的一封信中，讲出了自己忍辱苟活的原因和深广的忧愤："仆以口语遇遭此祸，重为乡党所笑，以污辱先人，亦何面目复上父母之丘墓乎？虽累百世，垢弥甚耳！是以肠一日而九回，居则忽忽若有所亡，出则不知其所往。每念斯耻，汗未尝不发背沾衣也。"（《报任安书》）万千屈辱，一吐为快！此后，这位历史奇人便悄然消失，不久仙逝！

二、认识《史记》

《太史公书》综述三千年之历史，被后人称为《史记》。是一部空前的鸿篇巨制，它共有12本纪、70列传、30世家、10表、8书，计130篇，共52万余字，记录了上自黄帝下至汉武帝，约三千年的中华历史。这是怎样的一部皇皇巨著呢？

1.它是第一部具有完整系统的历史著作，是前所未有的规模宏大的历史著作，是第一部由个人独立完成的历史巨著。它把汉代武帝之前的历史传说、历史碎片进行收集、考证、整理，基本搞清了历史的源流，呈现了历史的全貌。我国关于历史的著作很多，也很早。最早的《尚书》中就有夏、商、周三代的若干记录，但很零散。东周列国时期，周王室有记录王室及各诸侯国祭祀大事的《春秋》，各诸侯国也大多有本国的类似记录典册，用墨子的话说就是"百国春秋"。

这里面尤其值得注意的是鲁国。因为鲁是周公的封国，《鲁春秋》常常能从鲁国而观天下。孔子是鲁国人，他所编著的《春秋》就记载了从鲁隐公元年至鲁哀公十四年这二百四十余年的天下大事，这是最早的编年体史书，可惜过于简略。另一个鲁国人，叫左丘明，为此作了大量扩充性的阐释说明，编著了《左氏春秋》。这位左丘明随后又编著了一部二十一卷的《国语》，分别列述了八国的一些史事，这是最早的国别史。司马迁正是在了解继承了前人这些史实积累的基础上，才更好地纵观天下，连缀古今，以宏大开阔的视野，做出开创性的工作。他收集、通览、考校、梳理浩繁的典籍，并做大量补充、加工、辨析的工作，其耗费精力之巨是可想而知的，堪称前所未有的壮举。

2. 它首创了以人物为核心的"纪传体"史书编写体制，形成了本纪（帝王君主为对象）、世家（诸侯封国为对象）、列传（重要人物为对象）、书（记录典章制度）、表（表格方式记录年代、事件等）五种形式综合的史书写法，是中国第一部"正史"。这样的编写体制，不仅脉络清晰，而且生动翔实，可以多角度地展现历史面貌，再现有血有肉的历史人物。自此以后，历朝历代的"正史"都采用纪传体来写，并且从未间断，形成一条世所罕见的历史长河。

3. 它显示了超越时代的先进历史观，以严肃的"实录"精神

史記卷一上　　三皇本紀第一上

唐國子博士弘文學士　河內司馬貞補撰并註

皇明朝列大夫國子監祭酒　臣劉應秋

承直郎國子監司業　臣楊道賓等奉

敕重校刊

太史公作史記古今君臣宜應上自開闢下迄
當代以爲一家之首尾今闕三皇而以五帝爲
首者正以大戴禮有五帝德篇又帝世皆敘自
黃帝以下故因以五帝本紀爲首其實三皇已
還載籍罕備然君臣之始教化之先既論古史
不合全闕近代皇甫謐作帝王代紀徐整作三
五曆皆論三皇已來事斯亦近古之一證今並
採而集之作三皇本紀雖復淺近聊補闕云

萬曆二十六年刊

太皞庖犧氏風姓代燧人氏繼天而王母曰華胥履大

《史记》书影

忠实呈现历史的原貌。"其文直，其事核，不虚美，不隐恶"，留下了可贵的"秉笔直书"的史家精神。司马迁虽为朝廷史官，但并没有成为当权者的传声筒，而是实事求是地给出历史的评判。如对于汉代的开国皇帝刘邦，司马迁既肯定他有胸襟见识、机智任贤的一面，也不留情面地写出了他无赖、自私、刻薄的一面。对当朝一代雄主汉武帝，既忠实记录了他的文治武功，也大胆暴露了他任用酷吏、压抑人才、残害人民、滥用民力等恶劣行径。司马迁不以成败论英雄，对中国历史上第一次大规模农民起义的领袖陈胜吴广，他给予了充分的肯定，将其列入"世家"对待。项羽与刘邦争天下失败，但《史记》仍以"本纪"为其立传，实事求是表现其在推翻暴秦中的巨大功绩。在《史记》中，许多社会底层人物的优秀品质得到热情的歌颂，像守城门的侯嬴和屠夫朱亥，还有刺客聂政、荆轲，游侠郭解、朱家等，这种"仗义每从屠狗辈"的认识确实比许多史学家高明得多。

4. 它以优雅雄健的文笔，高超的叙事手法，生动的人物塑造，将一部历史写成了一部伟大的文学作品，把中国文学艺术，尤其是历史人物塑造提升到了一个崭新的高度。《史记》塑造了无数生动鲜活的历史人物形象，从帝王、卿相、将军、酷吏，到刺客、游侠、文人、高士，这些人物出身不同，性格各异，经历也不同，但都被放在生动的历史背景下做了精彩演绎，个个栩栩如生，呈现为十分耀眼的宏大画卷。我们仅以《项羽本纪》为例，看看司马迁高超的文学才能：

其一，精于选材。司马迁重点详述了三大事件以见项羽一生的成败。本纪为项羽立传，从幼年学艺写起，直到乌江自刎，其中重点写了巨鹿之战、鸿门宴、垓下之围三大场景，每场都有显示项羽性格特征的精彩描述。巨鹿之战，与秦将章邯决战，各路诸侯畏葸不前，项羽当机立断，杀了怯战的主将，破釜沉舟，背水一战，大破秦军。他的英雄豪气震慑得各路诸侯进辕门"无不膝行而前，莫敢仰视"。而鸿门宴则是项羽命运的转折点，项羽因他的磊落戆直在对方的阴柔曲迎面前，一步步丧失主动，终致错失良机。垓下之围，项羽四面楚歌，最后率二十八骑三战汉军，"溃围、斩将、刈旗"，败退乌江却无颜见江东父老，自刎而死。通过这三个场景，一位"力拔山兮气盖世，时不利兮骓不逝"的"霸王"形象跃然纸上。

其二，善于叙事。能抓住矛盾冲突的消长转换，收到情节起伏跌宕的效果。鸿门宴一章，曹无伤见项羽，局势陡然紧张；接着项伯夜入汉营，暗示形势存在变数；宴会一开，刘邦先行"谢罪"，范增示意再三，项王不应，主动权已有所丧失；项庄舞剑，险情突发，项伯陪舞，身蔽刘邦，冲突达到高潮；樊哙带剑拥盾而入，项王按剑而跽，紧张气氛又起一波；樊哙豪气干云，慷慨进言，项王无语，危机暂过；刘邦更衣而出，张良留下善后，终于化险为夷。在这几番矛盾开合转换里，项羽的霸气却迟疑不忍，刘邦的心虚而善于随机应变，项伯的私心，张良的多谋，范增的老道，樊哙的忠直，都十分出彩。

其三，语言精妙。叙述精准，议论精当，描写精彩。巨鹿之战，意义重大，战况激烈，司马迁在细叙了项羽战前决心之后，对整个作战情形只用了几十个字："项羽乃悉引兵渡河，皆沉船，破釜甑，烧庐舍，持三日粮，以示士卒必死，无一还心。于是至则围王离，与秦军遇，九战，绝其甬道，大破之，杀苏角，虏王离。涉间不降楚，自烧杀。"六十余字写尽一场生死大战。人物语言也极具个性。同是观看秦始皇出巡，项羽说"彼可取而代也"，完全是破落贵族复仇者的口吻。刘邦则喟然叹曰："嗟乎，大丈夫当如此也！"十足小官吏的艳羡梦语。

5. 最后，司马迁创作《太史公书》的整个宏大构架，已经超出了一个历史学家的视野，他不仅对三千年间政治、经济、文化、军事等各方面进行了历史总结，也力图从对人类生存方式、人类社会生活诸多矛盾的困惑及思考中来考察历史的发展进程。用他的话说，就是"究天人之际，通古今之变，成一家之言"。他几乎在每一篇末尾，都以"太史公曰"的方式做了分析评说，其中有许多真知灼见和深刻思考，闪耀着伟大史学家的思想光辉。如《李将军列传》文末，司马迁写下这么一段评议：

> 太史公曰：传曰"其身正，不令而行；其身不正，虽令不从"。其李将军之谓也？余睹李将军悛悛如鄙人，口不能道辞。及死之日，天下知与不知，皆为尽哀。彼其忠实心诚信于士大夫也？谚曰'桃李不言，下自成蹊'。此言虽小，可以喻大也。

这里对飞将军李广品行的赞颂，我们今天也是要大力推崇的。司马迁的《史记》也像孔子的《春秋》那样，"上明三王之道，下辨人事之纪"，有鲜明的道德主张和社会理想。所以，无论从史学上，还是从文学上，或是从社会学上来看，《史记》无疑都是一座巍峨的丰碑！

对于《史记》，从汉朝的班固始直到现代，历代都有高度评价。鲁迅先生曾经这样评价：《史记》是"史家之绝唱，无韵之《离骚》"。非常精当地指出它在史学和文学两方面取得的伟大成就和所占的崇高地位。郭沫若则称赞司马迁"文章旷代雄""功业追尼父"将司马迁与孔子相提并论。

历史是逝去的过往，但学习历史绝不是为了流连过往，而是为了照见现在和未来，珍视历史的民族必是一个善于开创未来的民族。让我们永远记住这个为历史而生的人——司马迁！

思考与探讨

1. 司马迁创建了"纪传体"的史书编写体例，相对于"编年体"和"国别体"有何优越处？

2. 阅读《报任安书》。

诗到唐人叹观止

——品味唐诗

中华文明的发展长河从来是精彩不断的，尤其是随着对真（道）与善（德）的深入追求，对美的追求也与日俱增。多样的文学艺术样式，从文明的源头就开始萌生，并持续不断地发展和创新着，形成了一个又一个绝美的艺术高峰，显露出无限风光。上古神话、先秦散文、楚辞汉赋、乐府诗、唐诗、宋词、元曲、明清小说，等等，让人目不暇给，陶然欲醉！今天我们且放下其他，单说一说唐诗。

中华文化普及读物中最重要最为大众熟知的一本，当数《唐诗三百首》。所谓"熟读唐诗三百首，不会作诗也会吟"。我们中国人，没有几个不是从小就会背一些唐诗的："锄禾日当午，汗滴禾下土""慈母手中线，游子身上衣"……唐诗熏陶了无数后人，也融入了我们的血脉中。唐诗之所以成为一座文学艺术的辉煌殿堂，原因有三：

第一，基础广大，根基深厚。唐代诗风浓厚，上至帝王将相，下至平头百姓，都好作诗。《全唐诗》收集的诗有 48900 余首，诗家 2300 余人，这显然还不是"完全"的。第二，大家蜂起，比肩耸峙。唐代卓有成就的诗人层出不穷，诗作所反映的社会生活面空前广泛，艺术水准高超，风格多样。诗坛巨星闪耀，光照千古。第三，艺术创新，规范成熟。诗歌由形式较为简单且自由无拘的状态，逐步向追求完美艺术表现方面发展。至唐代已形成有格律音韵要求，形式固定成熟，表现力丰富，音乐感强烈，审美意境臻于完善的多种诗歌形式，五言、七言的绝句、律诗是主流诗歌样式。据此三点，我们可以说"诗到唐人叹观止"，后人确实难以超越了。

接下来需要了解的是，为什么诗歌发展到唐代会出现这样一座无与伦比的艺术殿堂呢？究其原因主要有以下几方面：

首先是社会经济发展水平达到了一个空前的繁荣时期。文化的繁荣依赖于经济的繁荣，唐朝建立的前一百多年经济一直处于上升期，后来虽有"安史之乱"，政治秩序大受冲击，致使唐王朝开始由鼎盛走向衰落，但对经济的影响相对滞后，这给文化的持续发展提供了一个比较适宜的大环境。其次，社会的开放和活跃程度也达到一个新的水平。唐代民族融合进入一个平稳有序的时期，社会思想多元开放且相互包容。从社会总体来看，儒释道三教都是并存的。从单个现象来看，当权者相对比较开明，唐太宗对"载舟覆舟"的认识就是例证，当时的人思想应该是比较活跃的。再次，从隋朝开始在唐代建全完备起来的科举制度，对文化的发展和诗歌的兴盛起到了直接的推动作用。科举为社会阶层的流动改变提供了合法、确实的途径，引起民众的广泛重视，文化追求成为社会共识。而科举考试的形式主要以诗赋策论为主，因而文学尤其是诗歌必然地成为所有文化人所必须练习掌握的文学样式。这种情势下，诗歌创作想不繁盛都难。最后一点，诗歌形式的发展经过历代文人的努力，对汉语音韵表达规律的掌握已经相当透彻明了，美学追求的方向已经相当清晰，更新的、成熟的诗歌样式正等待着唐代的诗人们去实践、去完善、去发挥。这也极大地提高了民众诗歌创作的兴趣和热情。

唐代具备了以上诸多条件，并迎来了唐诗奇峰突起的大发展，其基本的发展轮廓如下：

1. 初唐时期

初唐的诗坛其实并不寂寞，写诗的人不算少。但有两个问题：一是活跃的诗人多在上层，像长孙无忌、上官仪、苏味道、李峤、崔融、杜审言、沈佺期、宋之问等，他们都做过大官或侍臣，是所谓"宫廷诗人"，多写些奉诏、应制的"宫体诗"。二是艺术形式上沿袭了南朝齐梁间形成的浮艳诗风，"竞一韵之奇，争一字之巧"，内容上固然空虚，形式上亦纤巧浮华。上官仪所擅长的"上官体"就是代表。

当此之际，一批富有改革精神的诗人出现了，他们是诗坛的一股清流。首先一个是王绩，看他的《野望》："东皋薄暮望，徙倚欲何依。树树皆秋色，山山唯落晖。牧人驱犊返，猎马带禽归。相顾无相识，长歌怀采薇。"内容和形式都脱尽六朝气习，读来有清新脱俗之感。

接下来是"初唐四杰"。王勃、杨炯、卢照邻、骆宾王四位青年才俊，以少年不羁的豪气和对新事物的敏感，写出了不少内容和形式都比较刚劲脱俗的作品。他们都积极用世却磨难不断，所以他们的诗作反而更"接地气"。比如王勃的《送杜少府之任蜀州》："城阙辅三秦，风烟望五津。与君离别意，同是宦游人。海内存知己，天涯若比邻。无为在歧路，儿女共沾巾。"情感何其真挚，迄今仍引起无数人共鸣。再看一首骆宾王的《在狱咏蝉》："西陆蝉声唱，南冠客思侵。那堪玄鬓影，来对白头吟。露重飞难进，风多响易沉。无人信高洁，谁为表予心？"全诗运用比兴，物我一体，对偶工整，用典自然，内容和形式都堪称上乘。"初唐四杰"对诗坛的冲击不小，也让一些保守的人不能接受，他们曾以傲慢的姿态加以嘲笑，为此杜甫曾写了一首很够劲的诗："王杨卢骆当时体，轻薄为文哂未休。尔曹身与名俱灭，不废江河万古流。"给了"四杰"很高的评价。

初唐还有一位诗人，对诗风改革具有标志意义，他就是陈子昂。陈子昂在《修竹篇》序文中很明确地提出了诗歌改革的主张，他承袭"汉魏风骨"，反对形式主义的颓靡风气，力倡诗歌应有充实的思想内容和明朗刚健的风格。他创作的诗歌也很好地实践了他的主张，对诗歌创作的健康发展有极大的推动。他著名的《登幽州台歌》"前不见古人，后不见来者；念天地之悠悠，独怆然而涕下"，让我们看到了一位诗坛改革者悲愤却又决意前行的身影。

2. 盛唐时期

前有唐太宗的"贞观之治"，后有武周的发奋作为，唐开元、天宝年间，是唐王朝的繁荣鼎盛时期，也是一个诗歌繁盛的黄金时期。所谓"盛唐气象"也直接地反映到了诗坛之上。这时期涌现出了一大批卓有成就的诗人，他们意气风发地展现出不凡身手，给诗坛带来了浓厚的进取精神和浪漫气息。这当中更是形成了"山水田园派"和"边塞派"两大作者群。

要说山水诗派首先要提到的是孟浩然。"吾爱孟夫子，风流天下闻"，这是大诗人李白的慨叹，凭什么？且看："春眠不觉晓，处处闻啼鸟。夜来风雨声，花落知多少。"小儿皆能背诵，多么生活化，多么浓烈的生活情怀！再看："移舟泊烟渚，日暮客愁新。野旷天低树，江清月近人。"怎样一个醉心自然的人才会有这样确切奇妙的感受！孟浩然不光热爱自然，更是这样一个生活在自然山水田园中的人："故人具鸡黍，邀我至田家。绿树村边合，青山郭外斜。开轩面场圃，把酒话桑麻。待到重阳日，还来就菊花。"一种彻里彻外的"农家乐"洋溢于诗中。有人恐怕会想，是否格局有点小？且看《望洞庭湖赠张丞相》："八月湖水平，涵虚混太清。气蒸云梦泽，波撼岳阳城。欲济无舟楫，端居耻圣明。坐观垂钓者，徒有羡鱼情。"洞庭湖浩瀚阔大的气势写得多么有震撼力！而诗人的心胸呢，也是心怀天下，欲为圣明效力的呀！所谓田园诗人其实大多如此，都想在盛世有所作为，只是机缘未合，所以他们的山水田园诗大多生气勃勃，有一种积极向上的情绪。

说到山水田园诗人，不能不特别提到一个人——王维。王维是一位有多方面艺术造诣的人，他传世的四百多首诗中，相当一部分是描写山水田园风光和农家生活的。且看《山居秋暝》："空山新雨后，天气晚来秋。明月松间照，清泉石上流。竹喧归浣女，

国学与闻

146

莲动下渔舟。随意春芳歇，王孙自可留。"再看《鹿柴》："空山不见人，但闻人语响。返景入深林，复照青苔上。"《竹里馆》"独坐幽篁里，弹琴复长啸。深林人不知，明月来相照。"清新、闲适、幽雅、陶醉，这世间景比之桃花源又如何？再看一首《汉江临眺》："楚塞三湘接，荆门九派通。江流天地外，山色有无中。郡邑浮前浦，波澜动远空。襄阳好风日，留醉与山翁。"这是江上泛舟么？分明是大海扬帆嘛！同孟夫子一样，王维不只善写小景，写阔大景象也笔力非凡。再细品一下，尤其是颈联，山水画恍如展现眼前，这是中国画的精髓之语呀。苏东坡说，王维诗中有画，画中有诗，绝非虚泛的誉美之词。

到这里大家不要误以为王维只是单纯的山水田园诗大家，其实他的才气何止于此，况且经历也并不简单，他的诗还有别样一面。请看他早年的一首诗《观猎》："风劲角弓鸣，将军猎渭城。草枯鹰眼疾，雪尽马蹄轻。忽过新丰市，还归细柳营。回看射雕处，千里暮云平。"一般的狩猎竟写得如此豪气冲天。再看一首他奉命出使边塞的诗《使至塞上》："单车欲问边，属国过居延。征蓬出汉塞，归雁入胡天。大漠孤烟直，长河落日圆。萧关逢侯骑，都护在燕然。"建功边塞的愿望和欣喜，我们可以体会得到，那种大漠雄浑的自然景致，只有擅长状摩山河的大手笔才能让我们感受到。

说到这里，我们应该说一说"边塞诗"的作者群了。唐代国势强大，但并不是没有战事，相反，由于北方突厥的袭扰，唐朝在跟突厥、吐蕃、回纥等周边少数民族政权的博弈中也是颇费精力的。所以边塞军旅生活也成了诗人反映的重要内容。先看一首著名的边塞诗："葡萄美酒夜光杯，欲饮琵琶马上催。醉卧沙场君莫笑，古来征战几人回。"这首脍炙人口的诗是王翰写的《凉州词》，诗中奋战西域的军士们那种紧张残酷的生活状态和乐观豁达的精神面貌跃然纸上。王翰此诗虽好，但其诗作不多，尚不足以成为边塞诗人的代表。真正几度出入边塞，并将边塞风光和疆场生活作为诗歌创作重要内容的更有高适、岑参、王昌龄、李颀、王之涣等一众诗人。其中尤以岑参最为突出。

岑参是河南南阳人，天宝年间进士，二十多岁时曾献书阙下，表达戎马边陲立功报国的志向："万里奉王事，一身无所求。也知边塞苦，岂为妻子谋。"他几度出塞，久佐戎幕，对战地生活和边塞风情有相当深刻的体验和认识，所以他的边塞诗展现了广阔的边塞生活场景，也传达了丰富多样的兵民情感。且看《轮台歌奉送封大夫出师西征》："轮台城头夜吹角，轮台城北旄头落。羽书昨夜过渠黎，单于已在金山西。戍楼西望烟尘黑，汉军屯在轮台北。上将拥旄西出征，平明吹笛大军行。四边伐鼓雪海涌，三军大呼阴山动。虏塞兵气连云屯，战场白骨缠草根。剑河风急雪片阔，沙口石冻马蹄脱。亚相勤王甘苦辛，誓将报主静边尘。古来青史谁不见，今见功名胜古人。"军情的紧急，两军对阵的严峻，战场厮杀的酷烈，将军兵士的豪壮气势，都一一在诗中呈现。《走马川行奉送出师西征》："君不见走马川行雪海边，平沙莽莽黄入天。轮台九月风夜吼，一川碎石大如斗，随风满地石乱走。匈奴草黄马正肥，金山西见烟尘飞，汉家大将西出师。将军金甲夜不脱，半夜军行戈相拨，风头如刀面如割。马毛带雪汗气蒸，五花连线旋作冰，幕中草檄砚冰凝。虏骑闻之应胆慑，料知短兵不敢接，车师西门伫献捷。"塞外大漠风雪之夜，将军贯甲挥师，战马衔枚疾驰，威武之师奇袭报捷，虽不是正面描写两军搏杀，但仅恶劣的战争环境就足以衬托出战事的残酷和将士的艰辛！

再看《白雪歌送武判官归京》："北风卷地白草折，胡天八月即飞雪。忽如一夜春风来，千树万树梨花开。散入珠帘湿罗幕，狐裘不暖锦衾薄。将军角弓不得控，都护铁衣冷难着。瀚海阑干百丈冰，愁云惨淡万里凝。中军置酒饮归客，胡琴琵琶与羌笛。纷纷暮雪下辕门，风掣红旗冻不翻。轮台东门送君去，去时雪满天山路。山回路转不见君，雪上空留马行处。"这里没有写战事，写的是平日的军旅生活，严酷、艰苦、寂寞、带点异域风情。

再看看边庭将士的内心情感吧："故园东望路漫漫，双袖龙钟泪不干。马上相逢无纸笔，凭君传语报平安。"（《逢入京使》）"两度皆破胡，朝廷轻战功。十年只一命，万里如飘蓬。容鬓老胡尘，衣裘脆边风。"（《北庭遗宗学士道别》）有思乡、有委屈、有无奈、有慷慨。岑参的诗让我们看到了一幅真实而广阔的边塞军事生活图卷，不愧是边塞诗人的代表。

相较于岑参的阔大深切的边塞诗，其他诗人就显得略为疏浅，但有一位诗人却很值得一提，那就是王昌龄。他以短小却相当有表现力的诗作，给我们描摹了一幅幅色彩明亮的边塞风情画。且看："秦时明月汉时关，万里长征人未还。但使龙城飞将在，不教胡马度阴山。"（《出塞》）"大漠风尘日色昏，红旗半卷出辕门。前军夜战洮河北，已报生擒吐谷浑。"（《从军行》）"青海长云暗雪山，孤城遥望玉门关。黄沙百战穿金甲，不破楼兰终不还。"（《从军行》）"烽火城西百尺楼，黄昏独坐海风秋。

更吹羌笛关山月，无那金闺万里愁。"（《从军行》）"琵琶起舞换新声，总是关山旧别情。撩乱边愁听不尽，高高秋月照长城。"（《从军行》）短小、洗练、明快，让人印象深刻。值得提示一点的是，不管是岑参、王昌龄还是其他边塞诗人，他们的诗中总透露出一种报国戍边、克敌立功的豪气，这也是盛唐气象的一种反映。

　　说到盛唐，下面就要说盛唐诗歌的主要代表了，那就是唐诗艺术群峰中的两座高峰，真正让人叹为观止的诗仙、诗圣了。

　　首先是诗仙李白。李白，字太白，号青莲居士。生于西域的碎叶（唐属安西都护府），长于四川绵州昌隆（今四川江油）。有个"铁杵磨成针"的故事大家可能听过，讲的是李白小时候受老婆婆用铁杵磨针的启发而发奋读书的故事。李白不仅学习文化知识，也学剑术，还学纵横术，是一个极富才干的人。二十多岁时，他"仗剑去国，辞亲远游"，一为增长阅历，二为寻求为国效力的机会。这一去竟至终老不归。在这四十来年的羁旅生涯中，他饱览了祖国大好河山，交结了众多名人诗友，也曾进过幕府，出入宫廷，甚至侍候过皇帝。然而，他的政治抱负却始终未能实现，治平才

唐翰林供奉李白

李白

华未能施展。而他的学养天资和社会磨砺却使他成为一个旷世诗人。

李白创作的诗歌"十丧其九",流传下来的才九百多首。这些诗作内容丰富、艺术卓绝,让李白成了中国浪漫主义诗歌的代表,古典诗歌的巨匠。李白诗歌从内容说,始终表达了对国家、对人民的无限热爱和关切,对祖国大好河山的赞美和讴歌,也始终有一种献身民众、报效社稷的激情洋溢其间。他的诗作还以大胆的批判精神,对统治者的荒淫无道和社会黑暗做了有力针砭,对豪门权贵的昏聩和恣肆表示了高度的鄙夷。他以鲜明的态度表达了对精神自由的追求和美好世界的向往。从艺术上来说,李白的诗歌继承了自《国风》《楚辞》以来的浪漫主义传统,将积极浪漫主义艺术风格推进到前所未有的高度,他在诗歌的形式、语言和艺术手法的运用上都有超越前人的贡献,对当时和后世的影响都是广泛和深远的。李白初到长安,太子宾客贺知章就称赞说:"此天上谪仙人也!"伟大的现实主义诗人杜甫与李白有着深厚的友谊,他称赞李白"白也诗无敌,飘然思不群""笔落惊风雨,诗成泣鬼神"。

李白"诗仙"的盛名绝非是虚夸之词,我们且来欣赏几首吧:"床前明月光,疑是地上霜。举头望明月,低头思故乡。"(《静夜思》)小儿皆能成诵,极浅白,极自然。"白发三千丈,缘愁似个长。不知明镜里,何处得秋霜。"(《秋浦歌》)同样极自然上口,而极度的夸张,让小诗具有了极度的感染力。"故人西辞黄鹤楼,烟花三月下扬州。孤帆远影碧空尽,唯见长江天际流。"(《送孟浩然之广陵》)在有故事的地点,有生机的春天,有色彩的空间，向着有憧憬的远方，这一场送别真是极富诗意呀！

"噫吁嚱，危乎高哉！蜀道之难，难于上青天！蚕丛及鱼凫，开国何茫然！尔来四万八千岁，不与秦塞通人烟。西当太白有鸟道，可以横绝峨眉巅。地崩山摧壮士死，然后天梯石栈相勾连。上有六龙回日之高标，下有冲波逆折之回川。黄鹤之飞尚不得过，猿猱欲度愁攀援。……"（《蜀道难》）一首乐府古题，在李白笔下从三言到十一言，参差错落，长短不齐，写得如此波澜跌宕，蜀道的崎岖逶迤，峥嵘峻拔，恍如亲历。诗人神思飞扬，情如湍瀑，情感奔放之极，视野开阔之至，读来让人心灵震撼。"海客谈瀛洲，烟涛微茫信难求。越人语天姥，云霞明灭或可睹。天姥连天向天横，势拔五岳掩赤城。天台四万八千丈，对此欲倒东南倾。我欲因之梦吴越，一夜飞度镜湖月。湖月照我影，送我至剡溪。谢公宿处今尚在，渌水荡漾清猿啼。脚著谢公屐，身登青云梯。半壁见海日，空中闻天鸡。……"（《梦游天姥吟留别》）一首游仙诗，李白写得变幻莫测，缤纷多彩，雄奇瑰丽。仙境、梦境、实境交替呈现，这是多么超绝的艺术驾驭能力和卓越的艺术想象力！

最后再看一首《将进酒》："君不见，黄河之水天上来，奔流到海不复回。君不见，高堂明镜悲白发，朝如青丝暮成雪。人生得意须尽欢，莫使金樽空对月。天生我材必有用，千金散尽还复来。烹羊宰牛且为乐，会须一饮三百杯。岑夫子，丹丘生，将进酒，杯莫停。与君歌一曲，请君为我倾耳听。钟鼓馔玉不足贵，但愿长醉不复醒。古来圣贤皆寂寞，惟有饮者留其名。陈王昔时宴平乐，斗酒十千恣欢谑。主人何为言少钱，径须沽取对君酌。五花马，千金裘，呼儿将出换美酒，与尔同销万古愁。"多么豪气！

多么狂放！多么透彻的人生领悟！洒脱之极，本真之极！这就是李白，一个才情横溢，心雄万夫，却壮志难酬，然而始终豪放旷达的天才！

有了诗仙李白，盛唐诗坛便足以光耀古今了，然而盛唐诗坛何其幸运，竟然还有一位"诗圣"与之比肩而立！这就是杜甫！

杜甫字子美，河南巩县（今河南巩义市）人，生于"奉儒守官"的官宦家庭，祖父杜审言为唐初著名诗人。杜甫青年时代正逢唐代盛世，生活平稳安定，二十来岁后也曾四处游历十余年。三十多岁时，杜甫到达长安，这时唐朝已由盛转衰，朝廷败象显露，贤才进仕无门，杜甫困居长安十年，陷于贫苦无告的境地。最后好不容易得了一个看管府库的小官，却又碰上了安史之乱，杜甫不但成了难民，而且还为叛军所虏，经历一番艰苦波折之后，总算回到了收复后的长安，做了个"左拾遗"的官，随后不久即遭奸臣排挤出了京城。此后，他便在饥荒、战乱中过着漂泊不定的生活。其间，在友人帮助下，他在成都有过一段稍微平静的日子。友人去世后，他被迫离蜀，沿江漂泊，最终在贫病交加中病逝于湘江中的一条小船上。

凄苦困顿的一生摧残了杜甫的生命，但却造就了一个伟大的现实主义诗人。杜甫用他非凡的勤奋和才

杜甫

干，写出了大量揭露社会现实和劳动人民疾苦的诗作，他留下的一千四百多首诗歌如同生动的历史画卷一般，忠实地记录下了唐朝由盛转衰的历史过程，深刻地揭示了社会矛盾，喊出了底层劳动人民的忧愤和不平。他热爱生活、热爱人民、热爱国家的炽热情怀，让他的诗歌充满了震撼人心的力量，他的"史诗"闪耀永不磨灭的历史光辉，他被推崇为"诗圣"。让我们看一看这位伟大诗人崇高而圣洁的情怀吧。

　　首先看诗人早期经历的苦难和他的情怀。《自京赴奉先县咏怀五百字》："杜陵有布衣，老大意转拙。许身一何愚，窃比稷与契。居然成濩落，白首甘契阔。盖棺事则已，此志常觊豁。穷年忧黎元，叹息肠内热。取笑同学翁，浩歌弥激烈。非无江海志，潇洒送日月。生逢尧舜君，不忍便永诀。……"这一段自述怀抱，因为忧黎元的热血衷肠，所以不能放浪江海，不能不苦等报效国家的机会。"岁暮百草零，疾风高冈裂。天衢阴峥嵘，客子中夜发。霜严衣带断，指直不能结。"总算机会来了，被授了一个看府库的小官。那年初冬，杜甫回奉仙探亲准备上任。

　　"凌晨过骊山，御榻在嵽嵲。蚩尤塞寒空，蹴踏岩谷滑。瑶池气郁律，羽林相摩戛。君臣留欢娱，乐动殷樛葛。赐浴皆长缨，与宴非短褐。彤庭所分帛，本自寒女出。鞭挞其夫家，聚敛贡城阙。圣人筐篚恩，实欲邦国活。臣如忽至理，君岂弃此物。多士盈朝廷，仁者宜战栗。况闻内金盘，尽在卫霍室。中堂舞神仙，烟雾蒙玉质。暖客貂鼠裘，悲管逐清瑟。劝客驼蹄羹，霜橙压香橘。朱门酒肉臭，路有冻死骨。荣枯咫尺异，惆怅难再述。"经过骊山，杜甫看到什么景象？莺歌燕舞，娱乐升平，而此时安史叛军已经发动了，可朝廷上下一片乌烟瘴气，杜甫愤然发出怒吼！

"北辕就泾渭，官渡又改辙。群冰从西下，极目高崒兀。疑是崆峒来，恐触天柱折。河梁幸未坼，枝撑声窸窣。行李相攀援，川广不可越。老妻寄异县，十口隔风雪。谁能久不顾，庶往共饥渴。入门闻号啕，幼子饿已卒。"杜甫冒风雪赶回家中，劈头看到的是幼子饿死的惨状。锥心之痛啊！"吾宁舍一哀，里巷亦呜咽。所愧为人父，无食致夭折。岂知秋禾登，贫窭有仓卒。生常免租税，名不利征伐。抚迹犹酸辛，平人固骚屑。默思失业徒，因念远戍卒。忧端齐终南，颓洞不可掇。"杜甫还算是"世宦之家"有免租税的优待，竟也过得如此凄惨，联想到更多比自己更艰难的人，杜甫看到了社会的深刻危机，预料这世界已风雨飘摇，惊天浩劫就要来了！

再看杜甫晚年时的境况与情怀：《茅屋为秋风所破歌》（本诗选入课本且篇幅较长，此处略）。一场秋风将赖以栖身的茅屋摧毁，老弱无助的诗人在寒风苦雨中浩叹："安得广厦千万间，大庇天下寒士俱欢颜，风雨不动安如山！呜呼！何时眼前突兀现此屋，吾庐独破受冻死亦足！"何等悲惨！又何等博大！杜甫之伟大就在于他推己及人，永远把目光聚焦在劳苦大众的身上。他的"三吏三别"就是最突出的代表：《新安吏》《潼关吏》《石壕吏》《新婚别》《垂老别》《无家别》合称"三吏三别"，记录了底层民不聊生，十室九空，哀鸿遍野的现实，透视出社会底层被奴役被榨取的惨状，替老百姓喊出了郁积于胸中的愤怒和不平。这些诗歌以一个个真实的人物和情节，把沉重阶级压迫和战乱蹂躏之下劳动人民的困苦不堪揭示得淋漓尽致，成为了现实主义诗歌的最强音！

杜甫这些诗作有一个重大的历史背景，那就是"安史之乱"，这场迁延近十年的大动乱，带给老百姓极大的灾难，也成为唐帝国由盛转衰的分水岭。杜甫深知这场动乱对国家和民众的伤害，他无尽的忧患正是从这里发出。

在杜甫的诗里，这种沉重的家国情怀是最震撼人心的力量。请看《春望》："国破山河在，城春草木深。感时花溅泪，恨别鸟惊心。烽火连三月，家书抵万金。白头搔更短，浑欲不胜簪。"鸟兽惊魂，草木含悲，诗人心中的苦有多深！再看《登高》："风急天高猿啸哀，渚清沙白鸟飞回。无边落木萧萧下，不尽长江滚滚来。万里悲秋常作客，百年多病独登台。艰难苦恨繁霜鬓，潦倒新停浊酒杯。""无边""不尽""万里""百年"，这些只是写景吗？不是的，写的是心境，可见诗人的忧愤是多么广大！忧愤出于热爱，有多深的忧愤就有多大的热爱，且看《闻官军收河南河北》："剑外忽传收蓟北，初闻涕泪满衣裳。却看妻子愁何在，漫卷诗书喜欲狂。白日放歌须纵酒，青春作伴好还乡。即从巴峡穿巫峡，便下襄阳向洛阳。"国家安危牵连百姓的安危，一旦战乱得到平复，诗人的喜悦完全不加掩饰。

杜甫这种家国情怀至死不变。《江汉》："江汉思归客，乾坤一腐儒。片云天共远，永夜月同孤。落日心犹壮，秋风病欲苏。古来存老马，不必取长途。"即使年老力衰，穷病孤凄，但仍然惦念着为国出力。这就是杜甫，一个襟怀河岳的儒家殉道者，诗之圣人也！在感受杜甫作品史诗般内容的同时，我们也可以感受到他诗歌创作的极高艺术成就，无论五言、七言、古体、近体，都锤炼精工，卓然成章，在诗歌形式的创新、语言的运用、意境的开拓、表现力的丰富等方面都达到了前所未有的新高度。在此不做详说，大家要在潜心阅读时去慢慢品味。

3. 中晚唐时期

安史之乱后，唐帝国开始走下坡路，但仍延续了一百五十多年，中后期的唐代诗坛仍然是群星灿烂的。像李商隐、李贺、刘禹锡、杜牧等都卓有成就，这里不能多讲。但这段时期诗坛发生了一件大事，却必须要介绍给大家，那就是新乐府运动。所谓"新乐府"是用新题材创作的现实主义乐府诗。

下面两首诗大家一定能背："春种一粒粟，秋收万颗子。四海无闲田，农夫犹饿死。""锄禾日当午，汗滴禾下土。谁知盘中餐，粒粒皆辛苦。"（《悯农》二首）紧贴现实生活，明白如话，朗朗上口，这就是新乐府诗。在涌现的一批新乐府诗人中，有一位特别出众的大家，即人称"诗王"或"诗魔"的白居易。

白居易，字乐天，山西太原人。小官僚家庭出身，在动乱不安的环境下长大，从小接触到下层劳动人民的生活。考取进士后担任过朝廷谏官，因直言除弊，被贬官外放。他主张"文章合为时而著，歌诗合为事而作"，他推崇陈子昂、杜甫的现实主义诗风，以弘扬现实主义传统为己任。他留下来的诗作约三千首，许多都是脍炙人口的作品。

"离离原上草，一岁一枯荣。野火烧不尽，春风吹又生。远芳侵古道，晴翠接荒城。又送王孙去，萋萋满别情。"（《赋得古原草送别》）这是白居易十六岁时的作品，明白如话却格律工整，寻常咏物却意境深邃。据说大诗人顾况一读此诗，立刻大力举荐，可见白居易才气之高。再看一首《暮江吟》："一道残阳铺水中，半江瑟瑟半江红。可怜九月初三夜，露似真珠月似弓。"看诗人观察多细，用字多准，意境多美！

然而白居易最为擅长的并不是这种一物一景的小诗，他享誉诗坛的是极见功力的叙事抒情诗。他的《杜陵叟》借杜陵老农之口讲述了灾荒之年，官吏横征暴敛，如狼似虎，欺下瞒上的恶行，发出"剥我身上帛，夺我口中粟。虐人害物即豺狼，何必钩爪锯牙食人肉？"的强烈控诉和抗争。《卖炭翁》更是十分生动地描述了卖炭老翁艰苦劳作，在饥寒困苦中挣扎，却被统治者的爪牙劫掠一空的惨剧。诗作有如一段实录影像，让人有亲临其境的锥心之痛。长诗《琵琶行》讲述了一个长安倡女由色艺出众走红都市到年老色衰嫁作商妇流落江湖的凄凉故事，并由此引发诗人对自身遭遇的反思，表达了"同是天涯沦落人，相逢何必曾相识"的感慨，反映了底层民众和知识分子生活之艰难窘迫，对社会日渐加重的危机表达了深深的忧虑。全诗有极为生动的形象塑造和精妙绝伦的描摹状物，显示了作者高超的艺术表现力。

白居易最脍炙人口的诗篇是一百二十句的《长恨歌》，该诗用异常婉转丰沛的情绪和十分优美流畅的语言，讲述了唐明皇与杨贵妃的爱情故事。从"汉皇重色思倾国"开始，写了杨玉环被选入宫，以美色获宠，"三千宠爱在一身"，唐明皇与杨贵妃每日寻欢作乐，嬉谑无度，"君王从此不早朝"，国政荒废，奸佞擅权，终于导致"安史之乱"爆发。唐明皇携杨贵妃仓皇出逃，行至马嵬坡时发生兵变，"六军不发无奈何"，杨贵妃落得个"婉转蛾眉马前死"的下场。安史之乱平定之后，唐明皇返回长安，睹物思人，"归来池苑皆依旧，太掖芙蓉未央柳。芙蓉如面柳如眉，叫人如何不泪垂？"皇帝"重色思倾国"的德行不改，于是"临邛道士鸿都客，能以精诚致魂魄"，结果居然在"海外仙山"寻到了仙逝的杨贵妃。于是又是一番"人鬼情未了"的情感倾诉。最后诗人以"在天愿作比翼鸟，在地愿为连理枝。天长地久有时尽，此恨绵绵无绝期"结束全诗。

"长恨歌"长恨什么呢？唐明皇所恨是美人不能再生，当年欢谑不得重现。而诗人所恨、百姓国民所恨恰恰就是"汉皇重色思倾国"，真正导致了"倾我之国""毁我之家"。这看似一首爱情的咏叹之歌，其实是一首忧国哀民的悲歌。不过，由于诗人高超的抒情手段和优美的遣词功力，让诗作除了具备强大的历史警示意义之外，更成为一首唯美的爱情诗篇，其中的许多诗句都广为传诵，堪称经典。这是一首千百年来极具感染力的叙事抒情诗，用"千古绝唱"来形容亦不为过。

唐诗如浩瀚的大海，如磅礴的群峦，我们拣最精要的几处和大家分享，希望大家据此脉络，自己慢慢去寻幽访胜，相信必然会得到极大的艺术享受和精神熏陶。

既然讲了这么久的诗，今天我就依白居易新乐府的主张，也结合在座国际班同学实际，用浅白易懂的语言给大家奉送打油诗一首，以作结束：

青春学子心气盛，万里游学地球村。

风光阅尽胸襟阔，大展宏图待后生。

思考与探讨

1. 唐代为什么能迎来诗歌的繁荣鼎盛时期？

2. 李白和杜甫的代表作品有哪些？比较一下，谈谈他们赢得"诗仙"和"诗圣"的美誉有何道理。

第十二讲

万千风情在宋词

——宋词略观

　　中华文明是世界上历史最悠久的文明之一，但它最突出的特点其实并不在古老，而在它的延续不断，不仅延续不断，更是精彩不断，而精彩不断正是它生命力旺盛的表现。前面已经说了，在中华文明的每一个历史阶段，都有代表性的文化样式出现，令后世难以企及。那么，千年前的宋代有怎样的文化新篇呢？那就是"词"。

一、什么是词

　　我们先看唐代杜牧的一首诗："清明时节雨纷纷，路上行人欲断魂。借问酒家何处有，牧童遥指杏花村。"（《清明》）我们知道古人作诗是吟诵的，如果吟到忘情之处就不免节奏和抑扬顿挫发生改变，变成了唱。于是就可能出现这样的情况："清明时节雨——纷纷路上行人——欲断魂——借问酒家何处——有牧童——遥指杏花村"。这样吟诗变成了唱小曲，整齐的诗句变得长短不齐，一句话，诗变成了词。由此可知，词其实跟诗大有关系，所以词又称作"诗余"或"长短句"。再看："西塞山前白鹭飞，桃花流水鳜鱼肥。青箬笠，绿蓑衣，斜风细雨不须归。"这首张志和的《渔歌子》词与七言绝句相差极小，可见词是从诗脱胎而来的。

诗变成词，中间起作用的是歌唱。歌唱有不同的曲调，这就是词牌。不同的曲调有不同的节奏，这就是词牌的格式。人们必须按照这样的词牌格式去填写文字内容，这叫作"填词"。曲调是定型的，内容可以变换。后来填的文字内容多了，未必都要唱，渐渐地曲调和内容就分了家，甚至于有的乐词失传了，而这个词牌的格式仍然为填词的人沿用下去，这样词就独立成为一种文学样式了。所以词是有词牌的，词牌名有沿用乐府诗题或乐曲名的，如"六州歌头"；也有取名家诗词中几个字的，如"西江月"；也有以历史人物或典故为名的，如"念奴娇"。个别也有自制词牌的。词依长短字数不同，可以分为小令（58字以内）、中调（59至90字）、长调（90字以上）。有重复两段的，称双调，重复多次的，称三叠、四叠。

二、词的发展与繁荣

词与音乐相关，所以词的出现可以溯源到隋唐时的"新声"（燕乐），甚至可以追溯到汉魏乐府。有一种叫敦煌曲子词的民间歌唱，可以说是词的先声。如"天上月，遥望似一团银。夜久更阑风渐紧。为奴吹散月边云，照见负心人"（《望江南》）。不过那时词是依附于乐的。直到唐代后期，词才逐渐脱离曲而独立发展成为一种新的诗歌样式。

其实，中唐以前，甚至更早就已经有少数诗人写过一些词，相传大诗人李白就写过两首："平林漠漠烟如织，寒山一带伤心碧。暝色入高楼，有人楼上愁。玉阶空伫立，宿鸟归飞急。何处是归程，长亭更短亭。"（《菩萨蛮》）"箫声咽，秦娥梦断秦楼月。秦楼月，年年柳色，灞陵伤别。乐游原上清秋节，咸阳古道音尘绝。音尘绝，西风残照，汉家陵阙。"（《忆秦娥》）故而人称李白是"百代词曲之祖"。其他诗人如刘禹锡、白居易、王建、韦应物等也都写过一些词。不过，那时的诗人只是在用心作诗尚有余兴的时候，偶尔填填词，词只算得是涓滴细流。

到了晚唐和五代，有了不少专门写词的高手，甚至还形成了有一定艺术风格的流派，比如以温庭筠为代表的"花间词"派。温庭筠留传下的词有七十多首，是颇有成就的了。那时的词可以说是溪流淙淙了。待到两宋时期，词已成为大众艺术，不仅文人学士写，而且上至帝王将相，下至市井小民、良家妇女都乐于参与，一时词家辈出，蔚成大观。《全宋词》所收录的，词人达到一千三百三十多家，词作达到一万九千九百多首。这时可谓已成瀚海汪洋了。

词与诗在社会功用上有所不同，诗是科举考试要用到的，写诗不免正儿八经的多。而词不是科考必需，所以写词可以无拘束地抒发情感，自由奔放得多，所以参与者也多，写词的意愿和机缘也多，词的群众基础当然也深厚。宋代的写词作者群，以他们的才艺、情感、生活中的血泪情仇，将词坛的圣殿建造得美轮美奂，成为与唐诗一样的艺术高峰。

词创作的高峰为什么会在宋代出现呢？它的社会背景和条件是怎样的？宋王朝结束了五代十国的混乱局面，全国趋于一统，虽然版图有所缩小，但加强了中央集权，消减了割据势力，国家治理的效力有了提升，因此，经济得到较快的发展，社会出现安定繁荣的局面。我们看张择端的《清明上河图》，生动描绘了北宋都城汴梁的繁华景象，可见那时确实是康乐升平的年代。丰衣足食之后，人们的精神追求就跟上来了，于是歌舞曲坊、酒肆勾栏就兴旺起来。不仅达官显贵们去，文人学士去，市民商贾、闺阁妇女也去。这样，社会有需求，而人们也以作词为能事，词的繁荣鼎盛是很自然的。

词的发展有三个人值得特别重视：一个是南唐后主李煜，第二个是"奉旨填词"的柳永，第三个是大才子苏轼。

李煜是南唐小王国的最后一个皇帝，人称李后主。他即位时南唐国运已岌岌可危，但他仍过着奢靡享乐的生活，开宝七年（974），宋朝军队轻而易举地打下金陵，城破之日，李煜还在寺庙里听经，仓皇间便做了阶下囚。李煜是个填词高手，从一国之君骤然变为阶下囚的非常变故，却让他的填词功夫陡然增长，词作猛然提升了一个档次。不为别的，词乃情感寄托的产物，亡国之君的情感波澜真切而深重，血泪凝成的字句当然有非同一般的感染力。因此，李煜词一出，让词作从"花间派"的绵柔脂粉气中摆脱出来，开始向抒发生活的真情实感进步。

我们且看李煜词中有怎样的情感波澜："四十年来家国，三千里地山河。凤阁龙楼连霄汉，玉树琼花作烟萝。几曾识干戈？一旦归为臣虏，沈腰潘鬓消磨。最是仓皇辞庙日，教坊犹奏别离歌，垂泪对宫娥。"（《破阵子·四十年来家国》）别离是人人都会有的伤怀情感，但这里的"别离歌"又岂是一般的别离呢！"春花秋月何时了？往事知多少。小楼昨夜又东风，故国不堪回首月明中。雕栏玉砌应犹在，只是朱颜改。问君能有几多愁？恰似一江春水向东流。"（《虞美人·春花秋月何时了》）逝去的往事愈美好，眼前的日子愈难熬，何况是无限江山呢。这末尾的一句，锥心之痛，让人震颤，它成了一切在悲苦命运中挣扎之人的心底喟叹。"林花谢了春红，太匆匆！无奈朝来寒雨晚来风。胭脂泪，相留醉，几时重？自是人生长恨水长东！"（《相见欢·林花谢了春红》）还是写的离愁别恨，但全词写得明白如话，用简练的情景描绘制造出悲伤意境，夹以议论和问答，突出了逝去匆匆与遗恨悠长的对比，情感宣泄直达人们心底。

如果说，李煜是让词这种文人消遣的小曲形式融进了寄托重大情感的郑重使命的话，那么，有一个人则是使词完全摆脱了"诗余"的地位，成为一种在表现方法和功能上都完全能与诗比肩的艺术形式，这个人就是柳永。

柳永字耆卿，初名柳三变，福建崇安人。柳永出身也是官宦之家，少年时在京城开封过的是一种"多游狎邪"的生活，在科举路上却屡试不第。我们看他写的一首《鹤冲天·黄金榜上》："黄金榜上，偶失龙头望。明代暂遗贤，如何向？未遂风云变，争不恣游狂荡？何须论得丧。才子词人，自是白衣卿相。　烟花巷陌，依约丹青屏障。幸有意中人，堪寻访。且恁偎红依翠，风流事，平生畅。青春都一饷，忍把浮名，换了浅斟低唱。"他的生活状况，他的生活态度都在这词中坦露了出来。而这一坦露不打紧，竟消磨了他的一生。据说这首词让宋仁宗看到了，很不高兴，科举考试中看到柳永的卷子便丢在一边，说："且去浅斟低唱，何用浮名！"这一来便断了柳永的仕途，让他直到晚年改了名字才得中进士，谋了个屯田员外郎的小官。而柳永也索性以"奉旨填词"自称，成了第一个专职词作家。

柳永给我们留下了二百多首词，他对词的发展所做出的贡献主要体现在三个方面：第一，柳永是大量创作慢词的第一人，慢词是与小令相对而言的词体，曲子较长，容量较大，柳永专意以词为反映生活的手段，所以相当属意于慢词的创作，他也自创了不少新的词体。他的《乐章集》十之七八都是慢词。例如他创制的《戚氏》长达二百一十二字，是宋词中第二长的词。又如他作的《浪淘沙慢》，将原只二十八字或五十四字的《浪淘沙》扩展为一百三十五字，扩容近三倍，这对于词的抒情达意来说当然是大大地强化了。第二，柳永在词的语言运用上更通俗更口语化，更贴近生活。这是他向民间学习，在生活中创作的结果。看他写的《秋夜月·当初聚散》："当初聚散，便唤作、无由再逢伊面。近日来，不期而会重欢宴。向尊前，闲暇里，敛着眉儿长叹。惹起旧愁无限。　盈盈泪眼，漫向我耳边，作万般幽怨。奈你自家心下，有事难见。待信真个，恁别无萦绊。不免收心，共伊长远。"整首词显得明白如话，既流畅又传神，很有表现力也很有生命力。

柳永与歌女乐工有密切联系，融入他们的生活，所以才会吸收到民间鲜活的语言。据说柳永去世，还是"群伎合金葬之"，可见他是一个与歌唱者命运与共的词作家。第三，柳永以他的才华和在词的内容与形式上的突破和贡献，用高质量的丰富创作，使词创作进入了一个新的发展阶段。

下面我们欣赏他的两首经典之作："对潇潇暮雨洒江天，一番洗清秋。渐霜风凄紧，关河冷落，残照当楼。是处红衰翠减，苒苒华物休。惟有长江水，无语东流。　不忍登高临远，望故乡渺邈，归思难收。叹年来踪迹，何事苦淹留？想佳人妆楼颙望，误几回天际识归舟？争知我，倚栏干处，正恁凝愁！"（《八声甘州·对潇潇暮雨洒江天》）这是抒发羁旅行役离愁别恨的著名词作。由眼前景物写起，由近而远，事事物物莫不愁苦，层层渲染，苦情弥漫无际。然后由景入情，引出主人九曲回肠的内心活动：眼前境况、追思过往、遥想对方、剖露心迹，真是千回百转，对浪迹萍踪的漂泊人生感叹作了极致的宣泄！

再看："寒蝉凄切，对长亭晚，骤雨初歇。都门畅饮无绪，留恋处，兰舟催发。执手相看泪眼，竟无语凝噎。念去去，千里烟波，暮霭沉沉楚天阔。　多情自古伤离别，更那堪冷落清秋节！今宵酒醒何处，杨柳岸，晓风残月。此去经年，应是良辰好景虚设。便纵有千种风情，更与何人说？"（《雨霖铃·寒蝉凄切》）这首词最能显示柳永创作技艺的高超，手段的非凡。离别的季节、时刻、环境，烘托出了离别凄清的氛围。人物的活动、情态、心绪的起伏踟蹰，已尽显示了离人的苦楚。作者还再三地揭开人物无以言表的内心世界，让情感的波澜不断冲击读者的神经！想漂泊之远，离别之久，摆脱不掉的郁闷盘踞心头，借酒暂时麻醉，酒醒愁思依旧，设想日后更是无尽的孤寂！全词起伏跌宕，声情并茂，状难状之景，抒难言之情，真是绝妙好词！

经过李煜、柳永等前辈词人的努力，词的艺术大厦已然矗立，及至北宋中后期，又一位词坛巨匠的出现，则让词的艺术殿堂更加恢宏，终与唐诗比肩而立，相映生辉。此人即是北宋大才子苏轼。

苏轼，字子瞻，号东坡居士，四川眉山人。与其父苏洵、其弟苏辙，同列"唐宋八大家"，"三苏"对中华文化都有巨大影响。尤其苏轼，可以说是"独领风骚数百年"的超级文豪。苏轼一生在激烈的政治斗争旋涡中度过，他既看到北宋王朝积贫积弱的许多弊端，但又不完全认同改革派推行的新政，他既反对"新法"却又与守旧派的顽固立场大有区别。因此，他在政治上是饱受两面夹击，处境困厄，仕途蹉跎。他几度在京城为官，但大多数时候都是被贬或是主动要求外放，他先后在杭州、密州、徐州、湖州、黄州、颍州、扬州、定州、儋州等地做地方官，这让他有相当广阔的生活视野和社会接触面，他在官僚集团的政治博弈中及"乌台诗案"的政治构陷中，更是积累了丰富的生活阅历，培植了丰富的生活激情，所有这

苏轼

些，都让苏东坡的艺术才华具有了不同于人的宏大格局和恢宏气魄。

苏轼具有多方面的文学成就，他的诗、文都冠绝一时，这里不作赘述。在词作方面，苏轼的贡献是开拓性的。第一，他极大拓展了创作的题材范围，词不再是"艳科"的小作派，大凡是山川景物、感旧怀古、咏物伤时、城乡变故、政声民怨都可以入词，词创作走向了广阔的社会人生。第二，他积极的生活态度和忧国忧民的情怀，让他具有同时代人难以企及的眼界和胸怀，成就了他词作的非凡气概和旷达意境，开创了宋词创作的一大艺术流派——豪放派。现在让我们来认识一下这位苏大才子。

先看一首《定风波·莫听穿林打叶声》："莫听穿林打叶声，何妨吟啸且徐行。竹杖芒鞋轻胜马，谁怕？一蓑烟雨任平生。 料峭春风吹酒醒，微冷，山头斜照却相迎。回首向来萧瑟处，归去，也无风雨也无晴。"一首即兴之作却能尽显苏轼的为人做派，洒脱、豪迈、自信、乐观、处变不惊、不畏艰难。这样积极的人生态度源于他对社会的洞察和对生命的理解，为时人所难达到，也堪为后人的表率。

再看一首《江城子·密州出猎》："老夫聊发少年狂，左牵黄，右擎苍，锦帽貂裘，千骑卷平冈。为报倾城随太守，亲射虎，看孙郎。 酒酣胸胆尚开张。鬓微霜，又何妨！持节云中，何日遣冯唐？会挽雕弓如满月，西北望，射天狼。"苏轼外放密州，处于政治上受打压的状态，年纪也已届四十，但他的精神状态却张狂如少年，显得意气轩昂。这首咏唱行猎的词，从形式到内容，都写尽了一个英姿勃发、豪情四溢的壮士情态。他自比孙权、魏尚，既能射虎，也能安邦。在千骑打猎的壮阔场景烘托下，一片报国效力的慷慨豪情动人心魄！

苏轼豪放派风格的词作，当首推下面这首《念奴娇·赤壁怀古》："大江东去，浪淘尽、千古风流人物。故垒西边，人道是，三国周郎赤壁。乱石穿空，惊涛拍岸，卷起千堆雪。江山如画，一时多少豪杰！遥想公瑾当年，小乔初嫁了，雄姿英发。羽扇纶巾，谈笑间，樯橹灰飞烟灭。故国神游，多情应笑我，早生华发。人间如梦，一樽还酹江月。"劈头一句"大江东去"，何等的气势！接下来"浪淘尽"一句，既写出眼前雄阔之景，又一下子牵出千古历史，怎样的一种时空大意境！然后用一连串形容词和动词，描摹出大江的吞天气势，也暗写出古战场曾经发生过的激烈战斗。接下来抓住"豪杰"二字，传神地刻画出周瑜赤壁之战的英雄姿态，传达出一种英雄创造历史的冲天豪情！最后，词人联系自身，华发早生，然雄心犹在，洒酒江天，壮心与英雄同在！苏轼之豪放我们是体会得到了，他为什么能如此豪放呢？当然跟他的通彻的人生观密切相关，这自不必多言。

我还想强调的一点是，苏轼有着极其充沛的生活激情。这是他成为大文豪的根本所在。且看他那首脍炙人口的《水调歌头·明月几时有》："明月几时有？把酒问青天。不知天上宫阙，今夕是何年。我欲乘风归去，又恐琼楼玉宇，高处不胜寒。起舞弄清影，何似在人间？转朱阁，低绮户，照无眠。不应有恨，何事长向别时圆？人有悲欢离合，月有阴晴圆缺，此事古难全。但愿人长久，千里共婵娟。"全词依旧是豪放豁达，天上人间何所似？此事古难全！境遇也好，时光也好，都不能让苏轼消沉，唯一让他内心掀起波澜的，是对亲人的深情。此词是苏轼中秋之夜怀念多年不见的弟弟苏辙而作的，两兄弟才情相似，境遇相同，彼此感情甚笃，不时都有思念诗词相赠。而这首词中，苏轼突破了兄弟之情的小情怀，把它扩展为世间人之所共的亲亲爱人的大格局，因此艺术的感染力大不一样，带给读者的震撼力异常强烈。所以，这首词才会冠绝古今，传颂不绝。

同样能够体现苏轼用情之深的，还有他思念亡妻的《江城子·乙卯正月二十日夜记梦》："十年生死两茫茫。不思量，自难忘。千里孤坟，无处话凄凉。纵使相逢应不识，尘满面，鬓如霜。 夜来幽梦忽还乡。小轩窗，正梳妆。相顾无言，唯有泪千行。料得年年肠断处，明月夜，短松岗。"苏轼妻子王弗不幸早逝，但两人伉俪情深，王去世多年后，苏轼心中还一直对她念念不忘，乃至梦绕魂牵。这首词通过梦前思念、梦中相见、梦醒伤怀三个场景，倾诉了词人对妻子的一往情深。虚中有实，欲语还休，思而再想，温存回忆对比落拓余生，全词真挚朴素，沉痛感人，催人泪下！由此我们得到一个结论，诗词之瑰丽雄伟，全在于深厚情感的蕴积，豪放派词人之所以能豪放，全在于胸中有翻腾如江海的情感波涛！

说到豪放派，我们再向大家介绍一位词人，他与苏轼并列为豪放派的双雄，世称"苏辛"——他就是辛弃疾。

辛弃疾比苏轼晚生一百年，但其词风与苏轼一脉相承。所不同的是，辛弃疾所处的时代环境更为艰难，所以辛词的社会视野比苏词更广阔。辛弃疾字幼安，号稼轩，山东济南人。他出生时，宋室已经南迁，他的家乡已被金人侵占。辛弃疾从小就有抗金复国的志向，他组织过一支义军，并且在与金军的战斗中表现十分骁勇。他曾率军直闯敌营，夺旗拔寨，生擒叛将。辛弃疾后来投奔南宋，一直为北上抗金做努力，但由于朝中主和派当权，他终其一生壮志难伸。在辛弃疾的词作中，我们听到的是金戈铁马之声，是慷慨悲歌的浩叹。

请看《破阵子·为陈同甫赋壮词以寄》："醉里挑灯看剑，梦回吹角连营。八百里分麾下炙，五十弦翻塞外声，沙场秋点兵。　马作的卢飞快，弓如霹雳弦惊。了却君王天下事，赢得生前身后名。可怜白发生！"这是一首军旅之歌，不管是醉是醒，是白天是夜里，军营里士气高涨，斗志昂扬，厉兵秣马，充满必胜信心。整首词都是英气逼人的豪壮之语。最后一句陡然转折，在豪壮之中透出一股悲凉，其动人力量非同寻常！

要体会辛词的豪放，莫如下面这首《永遇乐·京口北固亭怀古》："千古江山，英雄无觅，孙仲谋处。舞榭歌台，风流总被，雨打风吹去。斜阳草树，寻常巷陌，人道寄奴曾住。想当年，金戈铁马，气吞万里如虎。　元嘉草草，封狼居胥，赢得仓皇北顾。四十三年，望中犹记，烽火扬州路。可堪回首，佛狸祠下，一片神鸦社鼓。凭谁问，廉颇老矣，尚能饭否？"该词是辛弃疾六十四岁被起用为镇江知府时所作，当时讨金复国的条件已经具备，但朝廷用人不当举措失宜，眼看就要错过大好时机，辛弃疾在抗金前线的镇江，抚今追昔，写下这首高亢的爱国主义的诗篇。劈头一句"千古江山"，视野之广，气魄之大，正与苏东坡"大江东去"相似，而词人心中所想，也正是三国英雄人物，不过不是周瑜，而是任用周瑜大败北方曹军的孙权。辛弃疾同时想起的，还有南朝的宋武帝刘裕，刘裕也是在此地兴兵北伐，他们都"气吞万里如虎"。然而，这一切都成了历史，今天的北宋当权者却草莽行事。作者回想当初夺旗斩将从金营杀归南宋，一晃四十三年过去，北伐大业依旧难成，不禁发出浩叹：什么时候朝廷才能起用我，让我一展报国雄心啊！这首词连用了四个历史典故，词人联想了两段现实经历，或正或反，将爱国主义情怀抒发到极致。

同样在北固亭，辛弃疾还写下了另一首词《南乡子·登京口北固亭有怀》："何处望神州？满眼风光北固楼。千古兴亡多少事？悠悠。不尽长江滚滚流。　年少万兜鍪，坐断东南战未休。天下英雄谁敌手？曹刘。生子当如孙仲谋。"一样思接千载，一样纵横古今，我们可以感受到一股英雄豪气扑面而来，让人不能不热血沸腾！这就是辛弃疾——一个英武将军的豪放本色。

关于辛弃疾，我们还可以通过一首小词了解他的诗词功夫。《西江月·遣兴》："醉里且贪欢笑，要愁哪得功夫。近来始觉古人书。信著全无是处。　昨夜松边醉倒，问松：'我醉何如？'只疑松动要来扶，以手推松曰：'去！'"这里词人豪放的风骨依旧，不过还多了一种洒脱的戏谑，让人感到他的机智。酒能解愁，书能明理，然而现实全然对不上号，词人只有醉里贪欢了。这里上片用反语直陈胸中愤懑，下片用寥寥数语勾画出一个醉松场景，有对话，有动作，有神情，真是信手而来，挥洒自如。由此可知，宋词发展到辛弃疾这个时代，的确是辉煌可观。

了解过苏东坡、辛弃疾，我们对豪放派词人是有所领会了，但宋词的千种风情显然不是豪放派就足以体现的，与豪放派相映生辉的，还有"婉约派"。

说起来，婉约派词人出现得更早，人数也更多。在晚唐五代时，词刚从诗脱胎而出时，婉约派便应运而生了。词是供艺伎们歌唱的，最初反映的也多是闺中相思、离愁别恨之类，自然写得婉转柔美的多，讲究韵律的美，讲究字词的美，讲究意境的美。晚唐时以温庭筠为代表的一批词人，他们都有这种共同的倾向，他们的作品曾被收集在一起，取名《花间集》，这就是"花间派"。"花间派"实是"婉约派"的先声。到了宋代，前面介绍过的柳永便是婉约派的代表，当然，这时在词的创作内容和表现形式上已经比"花间派"要深刻和广阔多了。其后，晏殊、秦观、姜夔等人也是很有成就的婉约派词作家。到了南宋，出了一位可称为"婉约派"宗师级的人物，而且是一位女性，她就是李清照。

李清照号易安居士，山东济南人，出生在书香门第，父母都有文学造诣，她自小就饱受熏陶。十八岁与太学生赵明诚结婚，夫妻二人志趣相投，有过一段幸福美好的时光。但不久后，金兵南侵，故乡沦陷，举家南迁。更不幸的是，丈夫赵明诚在赴湖州上任的途中患病去世。此后，李清照便只身一人漂泊江南，过着难民生活。这样的身世和经历，让李清照的作品几乎都捆缚在"情"与"愁"二字上，不过，这既是她个人际遇的倾诉，同时也是当时女性乃至广大民众的内心情感表白和宣泄。

当然，女词人曾经也幸福过。先看一首《如梦令》："常记溪亭日暮，沉醉不知归路。兴尽晚回舟，误入藕花深处。争渡，争渡，惊起一滩鸥鹭。"这首清新自然的小令，写出了一个沉醉在新婚幸福中的女子的生活情境，生动活泼，情态毕现，有极强的镜头感。而作者只是用了看似很平淡的描述就勾勒出来了。画面有静有动，

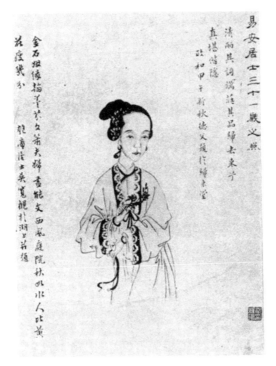

李清照

色彩缤纷，显示出作者高超的艺术表现力。

　　但这样幸福的时光很短暂，不久之后她的另一首《如梦令》向我们透露了这个变化："昨夜雨疏风骤，浓睡不消残酒。试问卷帘人，却道海棠依旧。知否？知否？应是绿肥红瘦。"依然是平淡说来，但词中的女主人却全然不同前一首，她如何醉酒贪睡？如何又挂念一夜风雨？是天气恼人还是心中烦恼？明知"海棠依旧"，为何偏要说"绿肥红瘦"？这"绿肥红瘦"露了天机，女主人是愁绪满怀感慨春光不再呀！一首小词，写得层次丰富，场景鲜活，意味隽永。

　　接下来再看一首《醉花阴》："薄雾浓云愁永昼，瑞脑消金兽。

佳节又重阳，玉枕纱厨，半夜凉初透。　东篱把酒黄昏后，有暗香盈袖。莫道不消魂，帘卷西风，人比黄花瘦。"这首词把深秋的凉意写得真切入微，几乎让人有侵肌之感。然而，说的岂止是凉？是清冷的寂寞！是无法排遣的思念！后面三句，词人再三自我安慰，我不伤心不发愁，可是实际上，人比那寒风中的菊花还清瘦呀！这样的表现技艺，多么新颖，多么传神，多么的富有创意！然而更有创意，更有表现力的还在后面。

　　且看《声声慢》："寻寻觅觅，冷冷清清，凄凄惨惨戚戚。乍暖还寒时候，最难将息。三杯两盏淡酒，怎敌它晚来风急！雁过也，正伤心，却是旧时相识。　满地黄花堆积，憔悴损，如今有谁堪摘？守着窗儿，独自怎生得黑！梧桐更兼细雨，到黄昏，点点滴滴。这次第，怎一个愁字了得！"开头三句，连用七个叠词，蓦地一下就把一个心神不宁、愁肠百结、彷徨失措的妇人神态表现了出来，一写失落感，二写寂寞感，三写悲愁感，由表及里一层层揭示了人物内心深处的活动。随后转入情景烘托，也是一层更添一层，时节难挨，黄昏黯淡，淫雨摧花，雁去声断，寒窗独坐，最后是承载不起的"怎一个愁字了得"。真所谓"见过会煽情的，没见过这么会煽情的"，我们只有佩服而已！这首词不愧是千古传诵的名篇佳作！

　　这里还想要说的是，李清照的千般万般的愁苦，是她个人不幸遭遇所产生的，然而这又绝不是她一个人的愁苦，南宋小朝廷卖国求安，把大好河山拱手让人，罔顾民生疾苦，压迫抗金志士，才是造成万千民众疾苦的最终根源。词中倾诉的愁苦，是国家衰亡、山河破碎、民命倒悬的深重愁苦。这也是李清照词作的巨大艺术价值所在。李清照作为"婉约派"的重要代表，在词的艺术追求上坚持清柔明丽、婉转天成的词风，但她并不是那种矫揉作态或哀怨悲切的弱女子，她也有"生当作人杰，死亦为鬼雄。至今思项羽，不肯过江东"这样的豪迈诗句，我们在理解她的词作时，应当注意到这一点。

宋词是我国文学艺术史上的一座辉煌殿堂，万千风情在宋词，限于时间，我们仅做了粗略的介绍，但已是满室玑珠让我们目不暇接了，希望大家能以崇敬景仰之心，从宋词等传统文化中吸取营养，来讴歌今天的新时代。

跟上一讲一样，讲了这么久的词，不能光说不练。同学们即将毕业，有的同学已经拿到了国外高校的录取通知，将要负笈海外了，我祝贺你们，也希望各位今后善自珍重，试以"看世界"为题，填《江城子》一首相送：

> 西方霸权二百年，起狼烟，欲难填。弱肉强食，贫富两重天。天下纷争他制造，行霸道，利占全。　神州崛起换新篇，志高远，梦能圆。你我共赢，携手且争先。创造个和谐世界，多贡献，乐无边！

思 考 与 探 讨

1. 词从"诗余"的地位上升到与诗比肩而立，是什么促成了它的发展兴盛？

2. 陆游写过好几首追念前妻唐婉的词，搜索一下，试写一篇关于陆游与唐婉的小故事。

第十三讲

文化传承，你我有责

——代结束语

近来，央视开辟了多个弘扬传统文化的节目，如《诗词大会》《经典咏流传》等。有一期《经典咏流传》的节目给我很深的印象，一位叫陈彼得的台湾歌手，倾情演唱了辛弃疾的词《青玉案·元日》。他眼含热泪地说，他听到一个从遥远时空穿越而来的声音，他问所有在场的人有没有听到。我当时的感觉是：我听到了八个字——文化传承，你我有责。今天，我想把它作为最后一次国学讲座的题目。

一、再说诗教

我们在介绍《诗经》的那一讲里就说到了诗教，今天再重复一下。两千多年前的某一天，孔子站在院子里想事，他的儿子孔鲤从他身旁经过，孔子叫住孔鲤，问道："学《诗》乎？"孔鲤说没有。孔子说："不学《诗》，无以言。"意思是，不学习好《诗》，你将来恐怕连怎么说话都不知道呀！这就是有名的"过庭之训"。

孔子不仅对儿子这么说，对他的弟子们也是这么要求的。他说："小子何莫学乎《诗》？《诗》，可以兴，可以观，可以群，可以怨。迩之事父，远之事君；多识于草木鸟兽之名。"孔子道出了学《诗》的重要性：一可以接受艺术熏陶，二可以认识社会，三可以增强修养，四可以考察时政。说近点可以侍奉好父母亲人，说远点可能服务国家君主，最起码也能增加许多生活知识。

在《论语》中，孔子多次谈到要学《诗》。在孔子的倡导下，学《诗》成了求学者要做的第一件事，"五经"中，《诗》是排第一位的，由此便形成了我国绵延几千年的"诗教"传统。《论语》中还说："入其国，其教可知也。其为人也，温柔敦厚，《诗》教也。"意思是，接受了《诗》教的地方，人们的气质都不一样：温文尔雅，忠厚朴实。

二、诗教传统的形成与作用

中国有句古话，叫"诗礼传家"。作为社会最小单元的家庭，讲究的是以诗教和礼教作为家族繁盛的基础，是保持世代延续的不二法门。为什么？第一是因为诗与社会生活的关系太密切了，二是诗的教育功能太强大了。

诗歌是最早出现的生活艺术形式，"诗言志，歌永言"，劳动产生诗，婚丧嫁娶产生诗，喜怒哀乐产生诗，在与现实生活相对应的精神领域里，诗歌都是无所不在的最迅速最便捷的反映。到科举制度实行，诗歌成为开科取士的主要样式时，那诗歌更是成了直接影响社会生活的重大因素了。至于诗的教育功能，则与诗的感染力和易于传播密切相关。中国过去的启蒙教育基本就是诗教，《三字经》《弟子规》《笠翁对韵》《千字文》，等等。一些普及读物也如此，如《千家诗》《增广贤文》之类。孔子说："诗三百，一言以蔽之，曰：'诗无邪。'"诗是真、善、美的体现，诗在德便在，"礼义廉耻"四维存。诗能入心，诗教就是心教，是最有活力和扩张力的教化。

诗的教化威力真的很大，我们通常意识不到。诗可以挽救爱情——卓文君一首嵌入数字的《怨郎诗》和一首《白头诗》挽回了她与司马相如的爱情。诗可以挽回性命——曹植一首《七步诗》熄灭了曹丕的杀心。诗可以重塑人的品性——文天祥的一首《正气歌》不仅坚定了自己的意志，高扬了民族气节，同时也激励了后世无数爱国者和革命者，成为他们坚守信仰，汲取力量的源泉。诗还可以影响政治大局——1945 年的"重庆谈判"，蒋介石对共产党提出两条要求：交出解放区，交出武装。这是共产党不可能接受的。一些民主人士及部分民众不了解蒋介石的真实用心，对共产党的态度也不甚理解。这时，毛主席作了一首诗："有田有地吾为主，无法无天是为民。重庆有官皆墨吏，延安无土不黄金。炸桥挖路为团结，夺地争城是斗争。遍地哀鸿满城血，无非一念救苍生。"这首诗一出，大家对共产党的立场和态度就十分同情了，对蒋介石假和谈真备战，加紧进犯解放区，大肆抢夺抗战胜利果实的行径也看得更清楚了。随后，重庆进步报刊又刊出了毛主席的《沁园春·雪》，引发了重庆文化舆论界的一番大讨论，共产党和毛主席的形象和主张更是赢得了大家的钦佩和赞扬。

我们的古人深知诗的教化功能之强大，他们用尽一切办法让诗的教化功能发挥到最大化。第一个手段就是主张学诗。诗是教育的基本内容，是所有学习者的主要功课。蒙学教材基本就是诗的形式，像《三字经》《百家姓》都是朗朗上口的。作诗的基本技能——对韵，那是蒙童从小就要学的。考试也普遍以能否作诗、诗作得好不好为标准。常有"七岁能诗"便誉为神童的故事。至于以诗赋开科的科举考试，那也是最重要的选拔人才的方式。所以张籍才有"画眉深浅入时无"的诗句出来。诗人的地位是很高的，诗人便是才学之士，便是出仕的基本对象。唐代诗人顾况做了政府官员，深知官场不好混，但是看到白居易的《赋得古原草送别》之后，便说白乐天要居长安也是"易"的。诗学得好，不单说明文采好，还说明悟性高，知识面广，综合能力强。因为要写出好诗，不单是一个技巧问题，所谓"功夫在诗外"，要有生活的历练和思想的积淀。

我们现在学校很少教学生作诗，高考作文也特别注明"不能用诗歌形式"，不知是把诗视为雕虫小技还是以为太过高深。不能小看了诗，写好诗不容易，读懂诗也不容易，诗的凝练和含蓄，让我们的思维空间变得更大。举个例子：朱熹有一首写春光的名诗《春日》："胜日寻芳泗水滨，无边光景一时新。等闲识得东风面，万紫千红总是春。"确实把春天的景致描摹得生动鲜明之极，而且对春天生机勃勃的感悟也很给人启发。然而，仅此而已吗？

仔细品味此诗的人就会发现，更有一层深意在内。"泗水"之滨在哪？山东。查朱熹年表，他一生并未到过山东，而且当时山东是在金人统治下，他怎么能跑到山东去踏春呢？原来，泗水的西南是孔子故里曲阜，南面是孟子故里邹县，朱熹这是一次精神上的踏春，他所欣赏到的是儒家思想的大美风光呀！诗真的需要品，特别是宋人的诗许多都是颇含深意的。学诗是一个学习过程，也是一个教化过程。

第二个手段是诗化的生活。古人让诗融合进生活当中，如交际应酬通常以诗唱和，宴饮游戏中的"曲水流觞"和行酒令，还有各种形式的诗社、赛诗会等。王羲之的《兰亭集序》记录的就是这么一次活动。古时候的上巳节流传至今，在许多地方成了三月三歌圩节。广西的《刘三姐》是最响亮的文化品牌，反映了诗与民间生活的密切关系。今天各地都还有一些民歌传承人是能够出口成诗的。

第三个手段是诗化的环境。中国人的诗不仅印在纸上，还题在墙壁上，刻在石头上，规模大的便形成诗廊、碑林。还有中国的诗书画是一体的，绘画多有题诗，书法作品也多书写诗词。再有中国的建筑艺术都很注重发挥诗歌元素的作用。匾额楹联的运用尤其普遍。园林馆舍、庙宇殿堂自不必说，一般讲究点的民居或祠堂也都有。

我在福建漳州的客家土楼，就看到"承启楼"大门两旁写的是"承前祖德勤和俭　启后孙谋读与耕"。到山西有名的王家大院，更是处处都有楹联诗句："谈心直欲梅为友　容膝还当竹与居""九天鹏翼展春云　万丈虹文辉斗极""簾籁风敲三径竹　玲珑月照一床书"，等等。这些楹联诗句无形中能给人很大的熏陶。

我的老家在长沙，离家不远是天心阁，天心阁有一副楹联："伏羲神农，古陵犹在；屈原贾谊，遗迹未湮；望楚溯人才，岂徒夸杰阁崔嵬，上凌云路三千界　麓山湘水，近地回环；衡岳洞庭，远郊亭峙；凭栏眺风景，还系念蒸民忧乐，俯看星沙百万家"。联语将长沙的历史地理人文都涵括了，我看多了并明白了其中的意思后，增加了对家乡故土的热爱之情。还有岳麓书院"惟楚有材　于斯为盛"联，爱晚亭联"停车坐爱枫林晚　霜叶红于二月花"联，吟咏之间，总让人有一种要努力向上莫负乡土的情绪涌上心来。

三、诗教传统的继承

诗教传统的不继，已然很久了。若要寻究起来，恐怕与百年前的新文化运动有关，当时反传统文化确有些矫枉过正，连汉字都成了陷中国于贫弱境地的罪魁祸首，何况由汉字承载的一切文化样式呢？首先一个，格律诗就不受待见了，被认为是束缚人的东西。新文化运动倡导的是白话诗。诗之不存，教将焉附？新诗当然也是让人受教的，但自由不拘的形式和随心跳跃的内容，总不那么便于记诵，不易于传播。生活中能完整背诵大量新诗的人，确实不多。

其实，就是白话新诗的力倡者们，他们在实际创作中也并不疏远传统旧体诗，甚至旧体诗创作的成绩还远比白话诗强。比如陈独秀、郁达夫、鲁迅，旧体诗作远多于新体诗，即使是白话诗首倡者胡适，也是在很多地方保留运用了旧体诗的。他们那一代人是受了传统诗教的恩赐的，所在才那么才华横溢，而新文化运动之后的后来人却真的是疏离了旧体诗，也就很少能受诗教的熏染了。诗教不继的另一个原因，恐怕是对诗的理解有所偏差，把诗词当作纯艺术纯技巧的东西，忽视了它的内涵发掘和与它的心灵对话。看到了诗的高雅，却只把它当作庙堂里的贡品，畏惧诗的格律要求，认为它是文人雅士才能把玩的东西，于是诗离大众的生活越来越远，出现在人们生活中的机会也越来越少。

当今社会是一个节奏快的社会，人们内心的静谧比较难得，所以诗在我们的生活中越来越像是奢侈品了。这种现状，大家都并不满意，有位名人说得好："生活不只是眼前的苟且，还有诗和远方。"确实，生活中缺少了诗，那远方也是没有召唤力的。我们要传承好诗教，恐怕首先是要让诗回到我们的日常生活中来，我们要读诗、学诗、作诗。从《诗经》《楚辞》到唐诗宋词元曲，那些经典诗词，要经常出现在我们的案头、枕边。前人的诗品、诗话，我们也要多多浏览。最近教育部为中小学生开出的阅读书目中，都有相当数量的需要背诵熟读的经典诗词。

习总书记强调，我们要有四个"自信"，最根本的一个是"文化自信"。而诗教传统的复兴，是有利于增强文化自信的。这里，我想给大家介绍一位为诗教复兴奋斗终身的人。她叫叶嘉莹，她被誉为"中国最后一位穿裙子的士"。她生于1924年，北京人，从小受诗词熏陶，一辈子学诗、写诗、教诗。她在中国台湾、美国、加拿大，在世界各地宣讲中华诗词。1978年，她给当时的国家教

> 文化是一个国家、一个民族的灵魂。文化兴国运兴，文化强民族强。没有高度的文化自信，没有文化的繁荣兴盛，就没有中华民族伟大复兴。要坚持中国特色社会主义文化发展道路，激发全民族文化创新创造活力，建设社会主义文化强国。
>
> ——党的十九大报告

委写信，希望回到祖国大陆义务教授中华诗词。她在一个黄昏时刻将这封信投入了邮筒，随后触景生情写下了一首诗："向晚幽林独自寻，枝头落日隐余金。渐看飞鸟归巢尽，谁与安排去住心？"后来她如愿回到了祖国，在南开大学任教。在她的心目中，古典诗词就是"佛"，她不仅以诗词与自己多舛的命运抗争，更通过传承诗教而度人，用诗词点亮更多的生命。她拿出自己退休金的一半，设立了"叶氏驼庵奖学金"和"永言学术基金"，后来又募集巨款 1857 万元成立"迦陵基金"，用以支持中国传统文化的研究。在这位老先生的身上，我们看到了诗教传承的希望和力量，值得我们仿效学习。

像叶嘉莹先生这样致力于诗教传承的人还有不少，有一期的《经典咏流传》，讲了一位支教老师的故事，他结合当地偏远山乡学校的实际，选教了清代袁枚的一首小诗《苔》："白日不到处，青春恰自来。苔花如米小，也学牡丹开。"这真是一位有责任心的老师，山乡的小学生能从这首小诗中，汲取到鼓舞他们的力量。

我国的传统诗词如瀚海汪洋，老师们应该有针对性地选取一些教给学生。我偶翻元曲，看到一首《山坡羊》："朝三暮四，昨非今是，痴儿不解荣枯事。攒家私，宠花枝，黄金壮起荒淫志，千百锭买张招状纸。身，已至此；心，犹未死。"我想，如果这一类的曲子收入警示教材，其教育作用应该很大。

叶嘉莹的老师顾随曾说，"世上都是无常，都是灭，而诗是不灭"。诗是最纯粹的精神产品，是人类永恒的财富。除了读诗学诗，我主张中学生其实可以学习作诗，特别是学作格律诗，因为它比较精练，美学意蕴强，学习过程中，思维鉴赏水平可以得到很好的锻炼。

清代大学者袁枚谈作诗：第一，用意要精深；第二，下语要平淡。"非精深不能超超独先，非平淡不能人人领解。"作好诗是很需要功力的，所谓"吟安一个字，捻断数茎须""两句三年得，一吟双泪流"，作诗对人的思维锻炼是高强度的，对人的生活积累也是高要求的。

当然，作诗必须首先有兴趣，而兴趣则有赖于广泛地接触，这就必须让诗歌更多地进入我们的生活中。其中，诗歌环境的营造是一个很重要的方面。许多公园或景点里都有诗廊、诗碑，游人至此驻足观赏，会得到身心的双重收获。学校环境营造也可以借鉴此法。此外，我们的班级园地也可以诗化，我们的班会可以赛诗，我们的社团可以建立诗社。总之，只有多跟诗打交道，我们才能传承好诗教，让诗点缀我们的生活，让诗伴随我们成长。

无须赘言，文化传承从我做起。在此将本人填写的《水调歌头顶昆仑雪，脚踏南海波，呼吸九派奔涌，俯仰动星河。心像清浊盘古，神似光明夸父，平地见巍峨。学就女娲艺，天漏亦堪褯。　讲道义，守礼信，振兵戈。儒学王道，百代长奏大风歌。岂止修书《四库》，早就西洋七渡，近世叹蹉跎。今日再崛起，寰宇看中国。

希望各位同学能从这首词中，感受到我们伟大的民族精神，增强民族自信，提振在民族复兴新长征中的士气。

将诗教发扬光大，将优秀传统文化之教推广开来，文化自信才能真正建立起来。故而中华文化传承同样是你我有责的。

我们的"国学与闻"课程讲到这里就要结束了，相信大家对我们的传统文化已经有了一定的了解，也培养了一定的兴趣。希望大家继续增加这方面的修养，吸收其精华，焕发其活力，让我们的中华文化更加灿烂辉煌！

思考与探讨

1. 诗教传承只是传统文化传承的一部分，我们应该如何继承好中华民族优秀传统文化，达到提高我们的文化自信的目的呢？

2.《国学与闻》课暂告结束，回忆一下所听内容，写一篇千字左右的听课感言。